토크토크

중국어

서해영 · 정수환 지음

신아사

머리말

오늘날 눈부신 경제 성장과 함께 중국은 이제 세계 무대의 중심로 자리 잡았습니다. 이에 따라 중국어는 더 이상 일부 전문가나 특정 직종만의 언어가 아니라, 누구에게나 꼭 필요한 글로벌 소통 수단으로 자리매김하고 있습니다. 특히 한국과 중국은 지리적으로 가까운 이웃일 뿐 아니라, 정치·경제·문화 전반에 걸쳐 긴밀히 연결되어 있어 양국 간 교류는 앞으로도 더욱 활발해질 것입니다. 이러한 변화 속에서 중국어를 배우려는 학생들의 관심과 열의는 그 어느 때보다 뜨겁습니다.

≪토크토크 중국어≫는 바로 이러한 시대적 흐름과 교육 현장의 필요를 충실히 반영하여 탄생한 교재입니다. 특히 본서는 백석대학교 교양과정의 대학 중국어 기본 교재로 사용될 목적으로 집필되었습니다. 처음 중국어를 접하는 대학생들이 낯설고 두려운 마음을 덜고, 누구나 부담 없이 기본 회화와 의사소통 능력을 키워나갈 수 있도록 단계적으로 설계하였습니다.

이 책은 오랜 기간 대학 강의실에서 수많은 중국어 초급 학습자들과 함께 하며, 이들이 어디서 어려움을 느끼고 어떻게 극복할 수 있는지 끊임없이 고민해온 저자의 경험이 오롯이 담겨 있습니다. 더불어 전 백석대학교 왕수진 교수님께서 내용 전반에 대한 타당성 검토와 세심한 교열을 맡아주심으로써, 학문적 신뢰성과 교육적 실용성을 모두 갖춘 교재로 완성될 수 있었습니다.

머리말

≪토크토크 중국어≫는 무엇보다 실생활에서 '바로 쓸 수 있는 중국어'를 목표로 합니다. 복잡한 문법과 이론에만 머물지 않고, 일상 대화 속에서 자주 쓰이는 표현들을 자연스럽게 익히도록 구성하였습니다. 발음 기초부터 차근차근 시작해 총 14과에 걸쳐 실제 상황에 기반한 대화문과 핵심 문형, 연습문제가 유기적으로 연결되어 있어 중국어 학습이 처음인 학생들도 스스로 자신감을 키울 수 있도록 하였습니다.

또한 본문 곳곳에 중국 문화와 생활, 교실 안팎에서 유용한 표현들을 함께 담아 단순한 언어 학습을 넘어 중국 문화에 대한 이해와 흥미까지 자연스럽게 넓혀갈 수 있도록 했습니다. 한국인 학습자가 특히 어려워하는 발음, 어순, 억양 등을 집중적으로 보완할 수 있는 노하우도 곳곳에 반영하였기에, 혼자 공부하더라도 실수를 줄이고 올바른 중국어 표현을 습득할 수 있을 것입니다.

≪토크토크 중국어≫는 기초 교재로서의 역할에 충실하면서도, 학습자 여러분이 다음 단계로 나아갈 수 있는 든든한 디딤돌이 되고자 합니다. 이 책을 통해 중국어의 기초를 다지고 나면, 일상에서의 기본 의사소통과 간단한 독해는 물론, 이후 중급 · 고급 과정으로의 자연스러운 확장이 가능할 것입니다.

이 책이 세상에 나오기까지 관심과 도움을 보내주신 모든 분들께 진심 어린 감사의 마음을 전합니다. 무엇보다도 낯선 언어 앞에서 용기 있게 첫발을 내딛는 모든 학습자 여러분께 따뜻한 격려의 박수를 보냅니다.

≪토크토크 중국어≫가 여러분의 중국어 학습 여정에 든든한 동반자가 되어, 더 넓은 세상과 자유롭게 소통하고 새로운 기회를 열어가는 데 작은 힘이 되기를 진심으로 바랍니다. 여러분의 소중한 의견과 따뜻한 조언은 앞으로 더 좋은 교재를 만들어가는 큰 원동력이 될 것입니다.

여러분 모두의 앞날에 언제나 배움의 기쁨과 풍성한 결실이 함께하길 기원합니다.

2025년 8월 30일

저자가

목차

第一课 你好！

인사

학습 목표

第一课 你好!

- 중국어의 기본적인 인사말인 “你好!”를 배우고, 안부를 묻고 답하는 회화를 익힐 수 있다.
- 중국어의 성모, 운모, 성조 등 발음 체계를 이해하고 발음할 수 있다.

새단어

1. 一 (数) yī	하나, 일
2. 五 (数) wǔ	다섯, 오
3. 八 (数) bā	여덟, 팔
4. 大 (形) dà	크다
5. 不 (副) bù	아니다
6. 口 (名、量) kǒu	입
7. 白 (形) bái	희다
8. 女 (名) nǚ	여자
9. 马 (名) mǎ	말
10. 你 (代) nǐ	당신, 너
11. 好 (形) hǎo	좋다
12. 吗 (助) ma	의문조사
13. 我 (代) wǒ	나
14. 很 (副) hěn	매우
15. 呢 (助) ne	의문조사

본문

A : 你好 !
Nǐ hǎo !

B : 你 好 !
Nǐ hǎo !

회화연습

A : 你 好 吗?
Nǐ hǎo ma?

B : 我 很 好, 你 呢?
Wǒ hěn hǎo, nǐ ne?

발음

(一) 성모(声母)

b　p　m　f

d　t　n　l

g　k　h

(二) 운모(韵母)

a　o　e　i　u　ü

ai　ei　ao　ou

(三) 병음(拼音)

운모 성모	a	o	e	i	u	ü	ai	ei	ao	ou
b	ba	bo		bi	bu		bai	bei	bao	
p	pa	po		pi	pu		pai	pei	pao	pou
m	ma	mo	me	mi	mu		mai	mei	mao	mou
f	fa	fo			fu			fei		fou
d	da		de	di	du		dai	dei	dao	dou
t	ta		te	ti	tu		tai		tao	tou
n	na		ne	ni	nu	nü	nai	nei	nao	nou
l	la		le	li	lu	lü	lai	lei	lao	lou
g	ga		ge		gu		gai	gei	gao	gou
k	ka		ke		ku		kai	kei	kao	kou
h	ha		he		hu		hai	hei	hao	hou
y/w				yi	wu	yu				

(四) 성조(声调)

5		5	1성	5-5	ā ī ū
4		4	2성	3-5	á í ú
3		3	3성	2-1-4	ǎ ǐ ǔ
2		2	4성	5-1	à ì ù
1		1	경성		a i u

주석

(一) 你好 !

"你好 ! "와 "你好吗?"는 모두 안부를 묻는 인사말이다. "你好 ! "에 대한 대답은 일반적으로 "你好 ! "이고, "你好吗?"에 대한 대답은 "我很好, 你呢?"이다.

(二) 你好吗?

"吗"는 의문을 나타내는 어기조사로 문장의 끝에 붙여 의문문을 나타낸다.

(三) 중국어 음절 구성

중국어의 음절은 대부분 성모(声母)、운모(韵母) 나눌 수 있으며, 다시 성조(声调)로 구별을 한다. 예를 들면 'dà、mā、hǎo'가 모두 음절이다.

성모(声母) : 한 음절의 첫 부분으로 일반적으로 보음(辅音)의 역할을 하는 자음(子音)이다. 단독으로 음절을 이루지 못한다.

예 b、m、h.

운모(韵母) : 성모를 제외한 부분으로, 단독으로 음절을 이룰 수 있다. 현대 중국 표준어는 400여 개의 음절이 있다.

예 à、ā、ǎo.

(四) 발음요령

단운모 : a o e i u ü

a : 입을 크게 벌리고, 혀의 위치는 낮게 한다. 입술은 둥글게 하지 않는다.
o : 입은 보통 정도로 벌리고, 혀의 위치는 중간높이에서 뒤로 치우치며, 입술은 둥글게 한다.
e : 입을 보통 정도로 벌리고, 혀의 위치는 앞으로 치우치고, 입술은 둥글게 하지 않는다.
i : 입을 벌린 정도가 가장 작고 입술은 평평하며, 혀의 위치는 높고 안쪽으로 치우친다.
u : 입을 조금 벌리고, 혀의 위치는 높고 뒤로 치우치며, 입술을 가장 둥글게 한다.
ü : 혀의 위치가 [i]와 같지만 입술을 둥글게 해야 하며, 입의 모양은 [u]와 비슷하게 한다.

복운모 ai의 'a'는 [a]로 발음하며, 혀의 위치는 [Aa]보다 앞에 위치하며, 그 외는 [Aa]와 같다. ei의 'e'는 [e]로 발음하며, ao의 'a'는 [a]로 발음한다.

성모

b : 双唇阻, 不送气, 清塞音。
두 입술을 다물고, 입속에 공기를 채운 후 갑자기 떼어서 공기가 폭발되어 나오도록 한다. 성대는 울리지 않는다.

p : 双唇阻, 送气, 清塞音。
발음 부위는 b와 같으나, 공기를 강하게 뿜어내며, 성대는 울리지 않는다.

m : 双唇阻, 不送气, 鼻音。
두 입술을 다물고 연구개와 목젖을 아래로 내린 다음, 공기가 콧속으로 빠져 나오게 한다. 성대는 울린다.

f : 唇齿音, 清擦音。
윗니를 아랫입술 안쪽에 대고 공기가 그 사이로 마찰되어 나가도록 한다. 성대는 울리지 않는다.

d：舌尖阻，不送气，清塞音。

허끝을 윗잇몸에 대고, 입안에 공기를 가득 채운 다음, 혀끝을 아래로 갑자기 내려 공기가 폭발되어 나오도록 한다. 성대는 울리지 않는다.

t：舌尖阻，送气，清塞音。

발음부위는 d와 같지만, 공기가 입안에서 폭발되어 나갈 때 쫌 세게 뿜어낸다. 성대는 울리지 않는다.

n：舌尖阻，鼻音。

혀끝을 윗잇몸에 대고, 연구개와 목젖을 아래로 내린 다음, 공기가 콧속을 통해 나가도록 한다. 성대는 울린다.

l：舌尖阻，边音。

혀끝을 윗잇몸(n보다 조금 뒤쪽)에 대고 공기가 혀의 앞부분 양쪽으로 나오도록 한다. 성대는 울린다.

g：舌根音，不送气，清塞音。

혀뿌리를 연구개에 꼭 대고 있다가 떼어내면서 공기가 폭발되어 나오도록 한다. 성대는 울리지 않는다.

k：舌根阻，送气，清塞音。

발음부위는 g와 같지만, 공기가 입안에서 폭발되어 나갈 때 좀 세게 뿜어낸다. 성대는 울리지 않는다.

h：舌根阻，清擦音。

혀뿌리를 연구개에 가까이 대어, 공기가 그 사이로 마찰되어 나가도록 한다. 성대는 울리지 않는다.

(五) 표기 방법

i、u、ü는 모두 스스로 음절을 이룰 수 있으며, 스스로 음절을 이룰 경우에는 yi、wu、yu 방법으로 표기한다.

(六) 성조

중국어 표준어는 네 개의 기본 성조를 가지고 있으며 성조 부호를 사용하여 구별한다.

1성은 ‘ ˉ ’, 2성은 ‘ ˊ ’, 3성은 ‘ ˇ ’, 4성은 ‘ ˋ ’이다. 성조가 다르면 나타내는 의미도 다르다.

예

bā(八 : 여덟) bá(拔 : 뽑다) bǎ(把 : 잡다) bà(爸 : 아빠)
mā(妈 : 엄마) má(麻 : 마비) mǎ(马 : 말) mà(骂 : 욕하다)
yī(一 : 하나) yí(移 : 움직이다) yǐ(椅 : 의자) yì(亿 : 억)

성조는 주요원음(主要元音) 위에 표기한다. 원음이 i인 경우에는 i의 점을 제거하고 위에 표기한다.

예 ‘nǐ、bǐ.’

한 음절에 두 개 이상의 원음이 있을 경우에는 입이 가장 크게 벌어지는 원음 위에 표기한다.

예 ‘hǎo、mèi、lóu.’

(七) 변조(变调)

두개의 3성이 연속될 경우에 앞에 나온 3성은 2성으로 읽는다.

예 Nǐhǎo → Níhǎo

(八) 음절과 한자

한자는 중국어 표기의 약정 부호이다. 매 음절은 한 개나 여러 개의 한자로 쓰일 수 있다.

예 bā(八) bá(拔) bǎ(把) bà(爸)
mā(妈) má(麻) mǎ(马) mà(骂)
yī(一) yí(移) yǐ(椅) yì(亿)

읽기연습

(一) 성조

yī	yí	yǐ	yì	yī(一)
wū	wú	wǔ	wù	wǔ(五)
yū	yú	yǔ	yù	yú(鱼)
bā	bá	bǎ	bà	bā(八)
dā	dá	dǎ	dà	dà(大)
bū	bú	bǔ	bù	bù(不)
nǖ	nǘ	nǚ	nǜ	nǚ(女)
kōu	kóu	kǒu	kòu	kǒu(口)
bāi	bái	bǎi	bài	bái(白)
hēi	héi	hěi	hèi	hēi(黑)
mā	má	mǎ	mà	mǎ(马)
nī	ní	nǐ	nì	nǐ(你)

(二) 변조

nǐhǎo měihǎo wǔbǎi běihǎi gěiyǐ yǔfǎ kěyǐ fǔdǎo

(三) 음절변별

1. 성모변별

ba	pa	da	ta	ga	ka
bu	pu	du	tu	gu	ku

bai	pai	dai	tai	gai	kai
bao	pao	dou	tou	gao	kao

2. 운모변별

ba	bo	he	fo
pa	po	ne	mo
ma	mo	de	bo
fa	fo	ke	po

bai	bei	pao	pou
mai	mei	hao	hou
gai	gei	kao	kou
hai	hei	gao	gou

3. 음절과 성조 변별

bā	pà	dà	tā	hé	fó	gē	kè
bǐ	pí	dé	tè	hòu	fǒu	gū	kù
bù	pù	dì	tì	hēi	fēi	gǎi	kǎi
bái	pái	dú	tú	hù	fù	gěi	děi
běi	péi	dài	tài	hā	fā	gǒu	kǒu

(四) 읽고 익히기

dàitóu	táitóu	dàlóu	tǎlóu
kèfú	kèkǔ	dàyú	dàyǔ
yùxí	fùxí	měihǎo	méi lái
一	五	八	不
口	白	马	大
女	好	你	我

중국어 발음은 어떻게 표기합니까?

漢字의 전통적인 발음 표기는 "直音法"、"反切法"이 있었다. 이 방법은 이미 기초적인 漢字를 습득한 사람만이 사용할 수 있는 표기법이다. 따라서 漢字를 모르는 사람과 외국인인 정확한 발음을 표기하고 따라할 수 있는 간편한 방법이 필요로 하게 되었다. 근현대에 생겨난 발음 표기법은 다음과 같다.

1. Wade식

청말 중국 주재 영국 공사였던 Thomas F. Wade(1818-1895)가 로마자로 중국어의 발음을 표기하는 방법을 고안하였다. 그후 Herbert A.Giles가 이 방법을 사용하였기 때문에 Wade-Giles식 또는 Wade식이라고 부른다. 이 방법은 과거 서구인들이 중국어의 발음을 익히는데 널리 사용하였고, 이전 중국어 사전도 대개 이 방법으로 발음을 표기하였다.

2. 주음부호(注音符号)

"注音符号"는 "注音字母"라고도 하며 1913년에 제정되어 1918년에 공포되었다. 당시에는 40개의 字母였으나, 현재는 자음 21개 모음 16개로 모두 37개가 있다. 고대 漢字의 모양을 본따서, 그 중 현재 통용되고 있는 漢字와 혼동을 일으키지 않는 필획을 선택하여 만들었다. 타이완(台湾)에서는 오늘날까지 사용하고 있으며, 한국에서도 중국과 수교 이전에는 이 방법을 주로 사용하였다.

3. 한어병음방안(汉语拼音方案)

"汉语拼音方案"은 란틴자모로써 중국어의 음을 나타내는 방법인데, 1958년에 공포된 후, 중국 대륙을 비롯하여 전 세계의 중국어 학습자들에게 가장 널리 쓰이고 있다. 26개의 라틴자모로써 중국어의 모든 음을 쓸 수 있게 되어, 사용 자모의 숫자면에서도 매우 경제적이다. 이러한 "汉语拼音方案"은 중국어 교육에 더욱 효율적이었으며, 普通话의 보급에 크게 기여하였다. 오늘날 중국에서 사용되고 있는 발음표기 방법이다.

第二课 你忙吗？

안부 묻기

학습 목표

第二课 你忙吗？

- 형용사를 사용해 바쁜 정도나 사물의 상태를 묻고 답하는 표현을 익힐 수 있다.
- 가족 구성원을 부르는 호칭과 인칭대명사의 복수형을 활용한 문장을 만들 수 있다.

새단어

1. 忙 (形) máng	바쁘다
2. 很 (副) hěn	매우
3. 汉语 (名) Hànyǔ	중국어
4. 难 (形) nán	어렵다
5. 太 (副) tài	매우
6. 爸爸 (名) bàba	아빠
7. 妈妈 (名) māma	엄마
8. 哥哥 (名) gēge	형, 오빠
9. 弟弟 (名) dìdi	남동생, 아우
10. 妹妹 (名) mèimei	여동생
11. 他 (代) tā	그, 그이
12. 她 (代) tā	그녀
13. 男 (名) nán	남자

본문

A：你 忙 吗？
Nǐ máng ma?

B：很 忙。
Hěn máng.

A：汉语 难 吗？
Hànyǔ nán ma?

B：不 太 难。
Bú tài nán.

회화연습

A : 你 好 吗?
Nǐ hǎo ma?

B : 很 好。
hěn hǎo.

A : 你 爸爸 妈妈 好 吗?
Nǐ bàba māma hǎo ma?

B : 他们 都 很 好。
Tāmen dōu hěn hǎo.

A : 你 忙 吗?
Nǐ máng ma?

B : 不 太 忙。
Bú tài máng.

A : 你 爸爸 忙 吗?
Nǐ bàba máng ma?

B : 他 很 忙。
Tā hěn máng.

발음

(一) 운모(韵母)

an　　en　　ang　　eng　　ong

(二) 병음(拼音)

운모 / 성모	an	en	ang	eng	ong
b	ban	ben	bang	beng	
p	pan	pen	pang	peng	
m	man	men	mang	meng	
f	fan	fen	fang	feng	
d	dan	den	dang	deng	dong
t	tan		tang	teng	tong
n	nan	nen	nang	neng	nong
l	lan		lang	leng	long
g	gan	gen	gang	geng	gong
k	kan	ken	kang	keng	kong
h	han	hen	hang	heng	hong

주석

(一)

an 속의 a는 [a]로 읽는다.

ang 속의 a는 [a]로 읽는다.

en、eng 속의 e는 [ə]로 읽는다.

(二) 경성(轻声)

중국어에는 성조를 가지고 있지 않은 음절이 있으니(그것들이 대표하는 한자의 성조에 관계없이), 가볍고 짧게 읽어야 한다. 이러한 것을 경성(轻声)이라고 한다. 경성의 음 높이는 앞에 위치한 음절의 성조에 따라서 약간의 변화는 있다.

예 'māma báide nǐmen bàba' 경성의 표기는 음절에 아무런 부호가 없다.

(三) 반3성(半三声)

제3성의 뒤에 제1·2·4성과 경성이 따라 오면 제3성의 반만 읽는다. 즉, 제3성의 앞부분이 내려가는 부분만 읽고 뒷부분의 올라가는 부분은 읽지 않는다.

예 yǔyī hěnmáng wǔfàn hǎoma

(四) 형용사술어문(1)

영어는 술어속에 동사가 반드시 들어가지만, 중국어에서는 우리 언어와 마찬가지로 동사 없이도 하나의 문장을 구성할 수 있다. "我很好"에서 형용사구인 "很好"만을 써도 술어의 역할을 충

분히 해내고 있다. 이런 문장은 부정문에서도 이루어질 수 있다.

- 긍정문은 습관적으로 “很、太” 등의 부사를 사용한다.
  我很好。 他太忙。
- 형용사 단독으로 쓰이는 경우는 두 절이 비교를 이룬다.
  你小，我大。
- 부정문은 형용사 앞에 “不”를 넣는다.
  我不好。 汉语不难。

(五) 인칭대명사

	단 수	복 수
1인칭	我	我们、咱们
2인칭	你、您	你们
3인칭	他、她、它	他们、她们、它们

읽기연습

(一) 성조

tā	tá	tǎ	tà	tā(他/她)
māng	máng	mǎng	màng	máng(忙)
hēn	hén	hěn	hèn	hěn(很)
nān	nán	nǎn	nàn	nán(难)
hān	hán	hǎn	hàn	Hàn(yǔ) (汉(语))
bā	bá	bǎ	bà	bàba(爸爸)
mā	má	mǎ	mà	māma(妈妈)
gē	gé	gě	gè	gēge(哥哥)
mēi	méi	měi	mèi	mèimei(妹妹)
dī	dí	dǐ	dì	dìdi(弟弟)

(二) 경성

māma	gēge	tāde	tāmen
yéye	mángma	láima	báide
nǎinai	hǎoma	bǎole	pǎole
dìdi	mèimei	lèima	lèile

(三) 반3성

hěngāo	hěnnán	hěndà	hǎole
nǐhē	nǐlái	mǐfàn	hǎoma
běnbān	běnlái	hěnbàng	hěnpàng

(四) 음절과 성조 변별

bànggōng	bànkōng	dònghóng	tōnghóng
hěnnán	hěnlán	hánlěng	kěnéng
hěnmáng	hěnmàn	nánfāng	nánfáng

(五) 읽고 익히기

爸爸	妈妈	哥哥	弟弟
好吗	忙吗	大吗	难吗
很好	很忙	很大	很难

A : 你好吗？
B : 很好！

A : 你忙吗？
B : 很忙。

A : 汉语难吗？
B : 汉语不难。

(六) 대답하기

1. Nǐ máng ma？
2. Hànyǔ nán ma？
3. Nǐ bàba hǎo ma？
4. Tāmáng ma？

(七) 회화완성

A : ______________________________ !

B : Nǐ hǎo!

A : ______________________________ ?

B : Hěn máng.

A : ______________________________ ?

B : Hànyǔ bù nán.

중국어 품사

단어를 그 의미와 어법 특성에 따라 다음과 같이 분류할 수 있다.

1. 명사(名词) : 사람이나 사물의 명칭을 표시한다.
2. 대명사(代词) : 지시나 대체의 기능을 지닌다.
   종류로는 人称代词、指示代词、疑问代词가 있다.
3. 동사(动词) : 동작、행위、변화、존재 등을 표시한다.
4. 조동사(能愿动词) : 가능、필요、희망、의지를 표시한다.
5. 형용사(形容词) : 성질이나 상태를 나타낸다.
6. 수사(数词) : 수를 표시한다.
7. 양사(量词) : 사람이나 사물의 단위 및 동작의 횟수를 표시한다.
8. 부사(副词) : 동작이나 행위, 성질이나 상태의 정도 、범위、시간、빈도 등을 나타낸다.
9. 개사(介词) : 명사나 대명사 앞에 붙어서 동작이나 행위의 공간、시간、대상、방식、목적、원인 등을 나타낸다.
10. 접속사(连词) : 단어나 구、절을 연결시킨다.
11. 조사(助词) :
    结构助词 : 한정어、상황어、보어와 중심어를 연결한다.
    动态助词 : 동작이나 행위가 시간상 어떤 단계에 처했는가를 나타낸다.
    语气助词 : 문장 전체의 어기를 나타낸다.
12. 감탄사(叹词) : 감탄이나 호응을 나타낸다.

第三课 谢谢！

감사합니다！

학습 목표

第三课 谢谢！

- 감사와 작별 인사를 하는 표현을 익힐 수 있다.
- “请”을 사용해 공손하게 요청하는 방법을 배울 수 있다.

새단어

1. 请 (动) qǐng	요청하다, 상대방에게 부탁할 때 사용
2. 进 (动) yìn	들어가다
3. 的 (助) de	구조조사 (~의, ~하는)
4. 信 (名) xìn	편지
5. 谢谢 (动) xièxie	감사합니다
6. 去 (动) qù	가다
7. 银行 (名) yínháng	은행
8. 邮局 (名) yóujú	우체국
9. 明天 (名) míngtiān	내일
10. 见 (动) jiàn	보다
11. 六 (数) liù	육, 여섯
12. 七 (数) qī	칠, 일곱
13. 九 (数) jiǔ	구, 아홉

본문

(一) 감사

A：请 进！
Qǐng jìn!

B：你 的 信。
Nǐ de xìn.

A：谢谢！
Xièxie!

B：不 谢！
Bú xiè!

(二) 내일 만나요

A：你 去 银行 吗？
Nǐ qù yínháng ma?

B：不 去。去 邮局。
Bú qù。Qù yóujú.

A：明天 见！
Míngtiān jiàn!

B：明天 见！
Míngtiān jiàn!

회화연습

1. 감사

A : 你 好 ! 请 进 !
Nǐ hǎo ! Qǐng jìn!

B : 你 的 信。
Nǐ de xìn.

A : 谢谢 !
Xièxie!

B : 不 谢 !
Bú xiè!

2. 질문

A : 你 去 银行 吗 ?
Nǐ qù yínháng ma?

B : 不 去。去 邮局。
Bú qù。Qù yóujú.

3. 작별

A : 明天 见 !
Míngtiān jiàn!

B : 明天 见 !
Míngtiān jiàn!

발음

(一) 성모

j q x

(二) 운모

i ia ie iao iou(-iu)
ian in iang ing
ü üe üan ün

(三) 병음

운모 / 성모	i	ia	ie	iao	iou	ian	in	iang	ing	iong
j	ji	jia	jie	jiao	jiu	jian	jin	jiang	jing	jiong
q	qi	qia	qie	qiao	qiu	qian	qin	qiang	qing	qiong
x	xi	xia	xie	xiao	xiu	xian	xin	xiang	xing	xiong
b	bi		bie	biao		bian	bin		bing	
p	pi		pie	piao		pian	pin		ping	
m	mi		mie	miao		mian	min		ming	
d	di		die	diao	diu	dian			ding	
t	ti		tie	tiao		tian			ting	
n	ni		nie	niao	niu	nian	nin	niang	ning	
l	li	lia	lie	liao	liu	lian	lin	liang	ling	
y		ya	ye	yao	you	yan	yin	yang	ying	yong

운모 성모	ü	üe	üan	ün
n	nü	nüe		
l	lü	lüe		
j	ju	jue	juan	jun
q	qu	que	quan	qun
x	xu	xue	xuan	xun
y	yu	yue	yan	yun

주석

(一) 발음요령

j : 舌面阻, 不送气, 清塞擦音。

허뿌리를 연구개에 가까이 대어, 공기가 그 사이로 마찰되어 나가도록 한다. 성대는 울리지 않는다.

q : 舌面阻, 送气, 清塞擦音。

발음 위치가 j와 같다. 힘껏 기류를 내보낸다.

x : 舌面阻, 清擦音。

설면의 앞 부분을 경구개에 가까이 대고, 공기가 설면 앞 부분과 경개개 사이로 마찰되어 나오도록 한다. 성대는 울리지 않는다.

복운모 ie、üe의 'e'는 [ɛ]로 발음한다.

(二) 표기방법

'i、u ü' 첫 머리의 음절부분은 y、w、y를 앞에 붙인다.

ia–ya   ie–ye   iao–yao   iou–you   ian–yan

in–yin	iang–yang	ing–ying	iong–yong	
ua–wa	uo–wo	uu–wu	uai–wa	uei–wei
uan–wan	uen–wen	uang–wang	ueng–weng	
üe–yue	üan–yuan	ün–yun		

'ü、üe、üan、ün'이 'j、q、x'와 연결되면 'ü'위의 두 점은 없애고 표기한다.

ju	jue	juan	jun
qu	que	quan	qun
xu	xue	xuan	xun

'n、l'이 'ü'와 연결되면 'ü' 그대로 표기한다.

lǚ　　nǚ

'iou'의 앞에 성모가 더해지면 'iou'은 'iu'로 표기하고 발음한다.

liou → liu

(三) "不"의 변조

"不"의 본래 성조는 4성이지만 뒤에 4성을 가진 음절이 오면 2성으로 변한다.

bùhē	bùnán	bùhǎo	búqù
bùtīng	bùnéng	bùxiǎo	búxiè

(四) 결구조사 "的"

한정어와 중심어를 연결시키는 조사이다.

你的信。　　你的爸爸。

我的妈妈。　　他的弟弟。

(五) 동사술어문

술어의 주요성분이 동사로 이루어진 문장이다.

1. 단순 동사술어문 : 주어 + 동사
   我去。 明天见!

2. 빈어를 동반 동사술어문 : 주어 + 동사 + 빈어
   我去邮局。 你去银行吗?

3. 부정문은 "不"나 "没有"를 동사 앞에 넣는다.
   我不去银行。

읽기연습

(一) 성조

qīng	qíng	qǐng	qìng	qǐng(请)
jīn	jín	jǐn	jìn	jìn(进)
xiē	xié	xiě	xiè	xièxie(谢谢)
jī	jí	jǐ	jì	jǐ(几)
xiā	xiá	xiǎ	xià	xià(下)
xiāo	xiáo	xiǎo	xiào	xiǎo(小)
liū	liú	liǔ	liù	liù(六)
qī	qí	qǐ	qì	qī(七)
jiū	jiú	jiǔ	jiù	jiǔ(九)
mīng	míng	mǐng	mìng	míng(明)

tiān	tián	tiǎn	tiàn	tiān(天)
jiān	jián	jiǎn	jiàn	jiàn(见)

(二) "不"의 변조

bùhē	bùmáng	bùhǎo	búyào
bùtīng	bùnéng	bùdǒng	bú kàn
bùbān	bùtián	bùjiǎng	búniàn
bùxīn	bùxíng	bùqǐng	bújìn

(三) 음절과 단어 변별

ji	qi	xi	ju	qu	xu
jian	qian	xian	jiang	qiang	xiang
jin	qin	xin	jing	qing	xing

jiàn	juàn	qiān	quán	xiǎn	xuǎn
jīn	jūn	qín	qún	xīn	xūn
ji	jǔ	qì	qù	xī	xū

jiā	xià	qīng	xīng	jiǎng	qiáng
jiào	xiào	qiú	xiú	jiè	qiè
jiě	xiě	qiǎo	jǐng	qǐng	

jīqi	jǔqí	xiūyǎo	xiūlǐ
jǔxíng	jùxíng	xūyǎo	xīyào
nǚlì	lǚlì	lǚxíng	nǚxìng

jīntiān	míngtiān	jīnnián	míng nián
dōngbiān	xībiān	qiánbiān	hòubiān
quánxiàn	quánmiàn	xīnxiān	xīnnián

(四) 읽고 익히기

请进	谢谢	银行	邮局	明天	见
去银行	去邮局	明天见	你的信	谢谢你	不谢

A : 你去邮局吗?

B : 不去，去银行。

A : 你好，请进 !

B : 你的信。

A : 谢谢。

B : 不谢。

(五) 회화완성

A : nǐ hǎo!

B : ____________________ !

A : Nǐ de xìn。

B : ____________________

A : Bú xiè。

A : Nǐ qù yínháng ma?

B : Bù ______________。 Qù ____________________。

A : Míngtiān jiàn.

B : ____________________ 。

A : ____________________ ?

B : Búqù。Qù yóujú?

A : ____________________ ?

B : Míngtiān jiàn。

강의실 중국어 (1)

同学们好！
Tóngxuémen hǎo！
학우 여러분 안녕!

老师好！
Lǎoshī hǎo!
선생님 안녕하세요!

对不起，我迟到了。
Duì bu qǐ, wǒ chídào le.
죄송합니다. 제가 늦었습니다.

现在上课。
Xiànzài shàng kè。
지금 수업 시작합니다.

老师，我病了，不能上课。
Lǎoshī, wǒ bìng le, bù néng shàng kè.
선생님, 제가 병이 나서 수업할 수 없습니다.

请看黑板！
Qǐng kàn hēi bǎn！
칠판을 보세요!

第四课 你去那儿?

어디가십니까?

학습 목표

第四课 你去哪儿?

- 오늘 무슨 요일인지 묻고 답하는 회화를 익힐 수 있다.
- 상대방이 어디로 가는지 묻고 자신의 목적지를 말하는 표현을 배울 수 있다.
- 哪儿(어느 곳)과 那儿(그곳)의 차이를 이해하고 활용할 수 있다.

새단어

1. 今天 (名) jīntiān	오늘
昨天 (名) zuótiān	어제
天 (名) tiān	일, 하늘
2. 星期 (名) xīngqī	요일
星期一 xīngqīyī	월요일
星期二 xīngqī'èr	화요일
星期三 xīngqīsān	수요일
星期四 xīngqīsì	목요일
星期五 xīngqīwǔ	금요일
星期六 xīngqīliù	토요일
星期天 xīngqītiān	일요일
3. 几 (代) jǐ	몇
4. 二 (数) èr	둘, 이
5. 三 (数) sān	셋, 삼
6. 四 (数) sì	넷, 사
7. 哪儿 (代) nǎr	어느곳
8. 那儿 (代) nàr	그곳
9. 回 (动) huí	돌아가다
10. 学校 (名) xuéxiào	학교
11. 再见 (动) zàijiàn	안녕
12. 办公楼 (名) bàngōnglóu	사무실 건물
13. 公园 (名) gōngyuán	공원
14. 天安门 (固有) Tiān'ānmén	천안문(광장이름)

본문

A : 今天 星期 几?
Jīntiān xīngqī jǐ?

B : 今天 星期二。
Jīntiān xīngqī èr.

A : 你 去 哪儿?
Nǐ qù nǎr?

B : 我 去 天安门。你 去 不 去?
Wǒ qù Tiān'ānmén. Nǐ qù bu qù?

A : 我 不 去。我 回 学校。
Wǒ bú qù. Wǒ huí xuéxiào.

B : 再 见!
Zàijiàn!

A : 再 见!
Zàijiàn!

회화연습

1. 장소 묻기

A : 请问, 办公楼 在 哪儿?
Qǐng wèn ,bànggōnglóu zài nǎr?

B : 在 那儿。
Zài nàr.

A : 谢谢。
Xièxie.

B : 不 客气。
Bú kèqi.

2. 요일 묻기

A : 今天 星期几?
Jīntiān xīngqījǐ?

B : 今天 星期一。
Jīntiān xīngqīyī.

3. 안부 인사

A : 你 去 哪儿?
Nǐ qù nǎr

B : 我 去 天安门。
Wǒ qù Tiān'ānmén.

발음

(一) 성모

z c s

(二) 운모

-i	er	ua	uo	uai
uei(ui)	uan	uen(un)	uang	ueng

(三) 병음

운모 / 성모	a	e	-i	ai	ei	ao	ou	an	en	ang	eng	ong
z	za	ze	zi	zai	zei	zao	zou	zan	zen	zang	zeng	zong
c	ca	ce	ci	cai		cao	cou	can	cen	cang	ceng	cong
s	sa	se	si	sai		sao	sou	san	sen	sang	seng	song

운모 / 성모	u	uo	uei(-ui)	uan	uen(-un)
z	zu	zuo	zui	zuan	zun
c	cu	cuo	cui	cuan	cun
s	su	suo	sui	suan	sun

운모 성모	ua	uo	uai	ui	uan	un	uang	ueng
d		duo		dui	duan	dun		
t		tuo		tui	tuan	tun		
n		nuo			nuan			
l		luo			luan	lun		
g	gua	guo	guai	gui	guan	gun	guang	
k	kua	kuo	kuai	kui	kuan	kun	kuang	
h	hua	huo	huai	hui	huan	hun	huang	
w	wa	wo	wai	wei	wan	wen	wang	weng

주석

(一) 발음요령

z : 舌尖前阻, 不送气, 清塞擦音。

먼저 혀끝을 펴서, 윗니 안쪽에 부드럽게 대었다가, 혀끝을 조금 떼면서 공기가 그 틈새로 마찰되어 나오도록 한다. 성대는 울리지 않는다.

c : 舌尖前阻, 送气, 清塞擦音。

발음 부위는 z와 같으나, 기류를 힘껏 내보낸다. 성대는 울리지 않는다.

s : 舌尖前阻, 清擦音。

혀끝을 아랫니 안쪽에 가까이 하고, 공기를 설면과 윗니 안쪽 사이의 틈새로 마찰시켜 내보낸다. 성대는 울리지 않는다.

(二) 운모 : -i

'zi、ci、si'의 운모는 舌尖前音인 [ɿ]로 'i'로 표시한다. 중국어 보통화에는 [i]가 'z、c、s'의 뒤에 나오지 않기 때문이다. 따라서 'zi、ci、si'의 'i'는 [i]로 읽어서는 않된다.

(三) "er"과 얼화운(儿化韵)

1. 권설운모

'er'를 발음할 때에 먼저 혀의 위치는 'e'를 내는 위치에 놓은 다음에 혀끝을 살며시 올리면서 발음한다.

2. 'er'과 다른 운모와 결합하여 얼화운모(儿化韵母)를 만든다. 얼화운모는 단독으로 음절을 이루지 못하고 앞 음절과 함께 한 음절을 이루면서 앞 음절의 원음 뒤에 'r'를 붙인다. 한자로 표현할 경우에는 한자 뒤에 '儿'를 붙인다.

huàr(画儿)　　　nǎr(哪儿)　　　wánr(玩)

(四) 격음부호(隔音符号)

'a、o、e'로 시작되는 음절은 다른 음절의 뒤에 붙는 경우에 음절의 구분에 혼란이 생길 경우에는 음을 나눌 수 있는 부호인 (') 를 더하여 구분한다.

예 Tiān'ānmén

(五) 명사술어문

명사、명사성 어구가 술어의 주요성분으로 쓰여, 출신、연령、날짜、절기、직업、가격 등을 나타내는 문장이다.

今天星期一。(날짜)
他我爸爸。(출신)

"是"자 술어문의 "是"가 생략된 형태로 볼 수 있다. 따라서 부정문은 술어 앞에 "不是"를 넣는다.

今天不是星期一。
他不是我爸爸。

(六) "在哪儿"

동사 "在"는 사람이나 사물이 존재함을 나타낸다. 이때 주어는 존재하는 사람이나 사물이고 빈어는 사람이나 사물이 존재하는 장소이다.

他在办公楼。

(七) 지시대명사

사람이나 사물을 대체、지시한다.

	근 칭	원 칭
사람、사물	这	那
장 소	这里、这儿	那里、那儿
성질、방식、정도	这么、这样、这么样	那么、那样、那么样

읽기연습

(一) 성조

ēr　ér　ĕr　èr　ér、èr(儿、二)
sān　sán　săn　sàn　sān(三)
sī　sí　sĭ　sì　sì(四)
nā　ná　nă　nà　nà、nă(那儿、哪儿)
wō　wó　wŏ　wò　wŏ(我)
huī　huí　huĭ　huì　huí(回)
xuē　xué　xuĕ　xuè　xué(学)
xiāo　xiáo　xiăo　xiào　xiào(校)
zī　zí　zĭ　zì　zĭ、zì(子、字)

(二) 'er'과 얼화운(儿化韵)

érzi　èrshí　ĕrjī　ĕrduo　èrbăi
qùnăr　qùnàr　huàhuàr　yíxiàr　hăowánr

(三) 음절과 성조 변별

zá　cā　sā　zé　cè　sè
zì　cí　sì　zú　cū　sū
zăn　cān　sān　zāng　cāng　sāng
zĕn　cēn　sēn　zēng　céng　sēng

zìdiăn　cídiăn　sìdiăn　sìtiān
zàijiàn　căidiàn　xiànzài　bĭsài
zŭguó　cùjìn　căisè　cāicè
sùdù　dìtú　zájì　cáinéng

cūnzi	sūnzi	sòngxíng	sòng xìn
zuótiān	còuwù	suǒyǐ	zuòyè
cāijiā	zēngjiā	sànbù	yǔsǎn
zuìhòu	suíhòu	dǎsǎo	bácǎo

(四) 읽고 익히기

今天　明天　星期几　哪儿　那儿　明天见　再见

去哪儿(那儿、银行、邮局、学校、公园)

星期一(二、三、四、五、六、天)

A : 你去哪儿？

B : 我回学校。你回不回？

A : 我不回。我去天安门。

B : 再见！

A : 再见！

(五) 회화완성

A : Nǐ qù nǎr?

B : ______________. Nǐ qù bu qù?

A : Wǒ bú qù. wǒ húi xuéxiào。

B : ______________________________!

A : Zàijiàn!

A : ______________________________?

B : Wǒ qù Tiān'ānmén.Nǐ qù bu qù?

A : ________________, ______________.

B : Zàijiàn!

A : ____________________!

도대체 중국이란?

중국의 정식명칭은 中華人民共和國 (People's Republic of China : PRC)이다. 1949년 10월 1일 건국하였으며 수도는 北京이다.

전체 면적은 약 960만㎢로 한반도의 44배, 세계 3위이다. 국경선 총길이는 20,280㎞로 한국, 러시아, 몽골, 중앙아3국, 아프카니스탄, 파키스탄, 인도, 네팔, 부탄, 미얀마, 라오스, 베트남 등 14개 국가와 접경을 하고 있다.

홍콩, 마카오 및 대만지역을 포함한 중국 전국의 총인구는 13억에 한족과 전인구의 8%인 9,120만 명이 되는 55개 소수민족으로 이루어져 있고, 그 중 조선족 92만 명으로 소수민족의 2.6%에 해당한다.

공용어는 중국어이며, 소수민족 자치구에서는 소수민족 언어를 병용한다.

국정공휴일은 元旦(1.1), 春節(음력 1.1), 노동절(5.1), 국경절(10.1)이며, 종교는 표면적으로 불교, 도교, 회교, 기독교 등 각 종교를 승인하지만 기본적으로 무신론에 입각한다.

第五课 这是什么书?

이것은 무슨 책입니까?

학습 목표

第五课 这是什么书?

- 사물의 소유 관계를 나타내는 표현을 익힐 수 있다.
- 특정 사물의 종류나 상태에 대해 묻고 답하는 회화를 배울 수 있다.
- '在'의 위치에 따라 뜻이 달라지는 어법을 이해하고 활용할 수 있다.

새단어

1. 这 (代) zhè	이, 이것
2. 是 (动) shì	~이다
3. 老师 (名) lǎoshī	선생님
4. 您 (代) nín	당신
5. 什么 (代) shénme	무엇
6. 书 (名) shū	책
7. 谁 (代) shéi 혹은 shuí	누구
8. ……文 (名) wén	~언어, 문장
中文 Zhōngwén	중국어
韩文 Hánwén	한국어
英文 Yīngwén	영어
法文 Fǎwén	프랑스어
俄文 Éwén	러시아어
西班牙文 Xībānyáwén	스페인어
德文 Déwén	독일어
阿拉伯文 Ālābówén	아랍어
日文 Rìwén	일본어
9. 那 (代) nà	저, 저것
10. 杂志 (名) zázhì	잡지
11. 十 (数) shí	열, 십
12. 日 (名) rì	일, 날
13. 人 (名) rén	사람
14. 词典 (名) cídiǎn	사전
14. 你们 (代) Nǐmen	당신들, 너희들
14. 王 (固) Wáng	왕 (사람 성씨)
15. 龙三 (固) lóngsān	룽산 (인명)

본문

(一)

A : 这 是 王 老师, 这 是 我 爸爸。
Zhè shì Wáng lǎoshī, zhè shì wǒ bàba.

B : 您 好 !
Nín hǎo!

C : 您好 !
Nín hǎo!

(二)

A : 这 是 什么 书 ?
Zhè shì shénme shū ?

B : 这 是 中文 书。
Zhè shì Zhōngwén shū.

A : 这 是 谁 的 书 ?
Zhè shì shéi de shū?

B : 这 是 王 老师 的 书。
Zhè shì Wáng lǎoshī de shū.

A : 那 是 什么 杂志 ?
Nà shì shénme zázhì?

B : 那 是 韩文 杂志。
Nà shì Hánwén zázhì.

A : 那 是 谁 的 杂志 ?
Nà shì shéi de zázhì.

B : 那 是 我 的 杂志。
Nà shì wǒ de zázhì.

회화연습

1. 이것(저것)은 무엇이지?

A : 这 是 什么 书?
Zhè shì shénme shū?

B : 这 是 中文 书。
Zhè shì Zhōngwén shū.

A : 那 是 什么 词典?
Nà shì shénme cídiǎn?

B : 那 是 韩文 词典。
Nà shì Hánwén cídiǎn。

2. 소개

A : 这 是 王 老师。老师, 这 是 我 的 朋友 龙三。
Zhè shì Wáng lǎoshī. lǎoshī, zhè shì wǒ de péngyou lóngsān.

B : 您 好!
Nín hǎo.

C : 你们 好!
Nǐmen hǎo.

발음

(一) 성모

zh ch sh r

(二) 운모

-i

(三) 병음

운모 / 성모	a	e	-i	ai	ei	ao	ou
zh	zha	zhe	zhi	zhai	zhei	zhao	zhou
ch	cha	che	chi	chai		chao	chou
sh	sha	she	shi	shai	shei	shao	shou
r		re	ri			rao	rou

운모 / 성모	an	en	ang	eng	ong
zh	zhan	zhen	zhang	zheng	zhong
ch	chan	chen	chang	cheng	chong
sh	shan	shen	shang	sheng	
r	ran	ren	rang	reng	rong

운모 / 성모	u	ua	uo	uai	uei(ui)	uan	uen(un)	uang
zh	zhu	zhua	zhuo	zhuai	zhui	zhuan	zhun	zhuang
ch	chu	chua	chuo	chuai	chui	chuan	chun	chuang
sh	shu	shua	shuo	shuai	shui	shuan	shun	shuang
r	ru	rua	ruo	ruai	rui	ruan	run	

주석

(一) 발음요령

- zh : 舌尖后阻，不送气，清塞擦音。
  혀끝을 말아 올려 경구개에 붙인 다음, 공기를 혀끝과 경구개 사이에서 폭발시켜 마찰하면서 내보낸다. 성대는 울리지 않는다.

- ch : 舌尖后阻，送气，清塞擦音。
  발음부위는 zh와 같으나, 기류를 힘껏 내보낸다.

- sh : 舌尖后阻，清擦音。
  혀끝을 말아 올려 경구개에 가까이 한 다음, 공기를 이 사이에서 마찰시켜 내보낸다. 성대는 울리지 않는다.

- r : 舌尖后阻，浊擦音。
  발음부위는 sh와 같으나, 성대가 울린다. 특히 혀끝이 경구개에 닿지 않도록 주의해야 한다.

(二) 운모 : -i

'zhi、chi、sh、ri'의 운모는 舌尖前音인 [ɿ]로 'i'로 표시한다. 중국어 보통화에는 [i]가 'zh、ch、sh、ri'의 뒤에 나오지 않기 때문이다. 따라서 'zhi、chi、shi、ri'의 'i'는 [i]로 읽어서는 안된다.

(三) "是"자 문형

"是"는 비교적 특수한 동사로서, 동작과 행위를 나타내지 않고, 판단과 긍정의 뜻을 나타낸다.

这是王老师。
这是中文书。
那是韩文杂志。

부정문은 "是" 앞에 "不"를 넣는다.

这不是中文书。
那不是韩文杂志。

(四) 의문대명사

의문대명사는 의문을 나타낼 때 사용한다. 의문대명사를 사용하여 의문을 나타낼 경우에는 주어, 빈어, 술어, 한정어, 상황어, 보어 등을 물을 수 있다. 문장 속에서 의문대명사는 항시 의문이 있는 곳에 위치한다. 문장의 순서는 바뀌지 않는다. 대상에 따라서 "谁、什么、为什么、哪、那里、哪儿、多少、几、怎么" 등을 사용할 수 있다.

읽기연습

(一) 성조

zhē zhé zhě zhè zhè(这)
shī shí shǐ shì shí、shì(十、是)
shū shú shǔ shù shū(书)
zhī zhí zhǐ zhì zázhì((杂)志)
shuī shuí shuǐ shuì shuí(谁)
shī shí shǐ shì (lǎo)shī((老)师)
rēn rén rěn rèn rén(人)

(二) 음절과 성조 변별

zhī chī shì rì zhè chē shè rè
zhàn chǎn shān rán zhāng cháng shàng ràng
zhēn chèn shén rén zhèng chèng shēng réng

zá zhá cā chá sǎ shǎ
zé zhé cè chè sè shè
zì zhì cì chì sì shì

sìshí shísì xiūxi xiāoxi
zhīdào chídào zhēnchéng zhēzhèng
Chángchéng chángzhǎng zhōngwén chōngfèn

chēzhàn qīxiàn chūntiān qiūtiān
chéngnián qīngnián chuánshang chuángshang
chīwàng xīwàng shāngxīn xiānglǐ

zhīlǐ	shílì	shènglì	jīnglǐ
shēnghuó	jīngguò	shāngdiàn	jiànmiàn
rènshi	línshí	rénlì	rìlì

(三) 읽고 익히기

一	二	三	四	五
六	七	八	九	十
这是	中文书	那是		
韩文杂志	谁	老师		

A : 这是什么书?
B : 这是中文书。

A : 那是什么杂志?
B : 那是韩文杂志。

A : 这是谁的书?
B : 这是王老师的书。

A : 那是谁的杂志?
B : 那是我的杂志。

(四) 교환연습

1. A : Zhè shì shénme shū?
B : Zhè shì Zhōngwén shū.

zázhì	Zhōngwén
cídiǎn	Hánwén
bào	Wàiwén
dìtú	Zhōngguó

2. A : Nà shì shénme zázhì?

B : Nà shì Yīngwén zázhì.

cídiǎn	Hánwén
huàbào	Zhōngwén
shū	Hànyǔ
dìtú	shìjiè

3. A : Zhè shì shuí de shū?

B : Zhè shì Wáng lǎshī de shū?

Zhào	jiàoshòu
Lín	lǎoshī
Bái	dàifu
Cháng	xiàozhǎng

4. A : Nǐ qù nǎr?

B : Wǒ qù shítáng.

huí	sùshè
qù	xuéxiào
qù	yínháng
qù	yóujú
qù	túshūguǎn

시선(詩仙) 이백(李白)

이백의 字는 太白, 號는 靑蓮 또 스스로 酒仙翁이라 했다. 10살에 벌써 詩書에 통하고 諸子百家를 탐독했다. 젊은 시절 이미 중국의 수많은 곳을 다니면서 풍광의 아름다움을 시로서 표현하였다. 그의 시는 열정적이며 낭만성이 강하며 상상력이 풍부하다. 喜悲哀歡을 그대로 노래에 옮겨, 그의 작품은 한껏 자유분방하여 天衣無縫의 神品이라고 할 수 있다. 당시 그와 아울러 일컬은 杜甫가 새로운 詩風을 일으킨 것과는 달리 李白은 漢魏 六朝이래의 詩風을 集大成했다. 정란에 민감하고 정치에 관심을 보인 杜甫와는 달리, 현실을 떠난 감정의 소유자였다. 그는 당나라 문화의 爛熟期에 生을 받아, 그 퇴폐적 기풍에 젖고 불우했기 때문에 술과 여자로 憂愁를 잊으려 했다. 그는 후세에 시선(詩仙)이라고 불리었다. 아래 그의 시 [정야사(靜夜思), 고요한 밤의 생각]이다.

정야사(靜夜思)

牀前明月光, 疑是地上霜. 擧頭望明月, 低頭思故鄕.

침실로 스며드는 달 그리매, 어찌 보면 서리가 내린 듯도 하이

산 위에 뜬 달을 바라보고는, 머나먼 고향을 생각하노라.

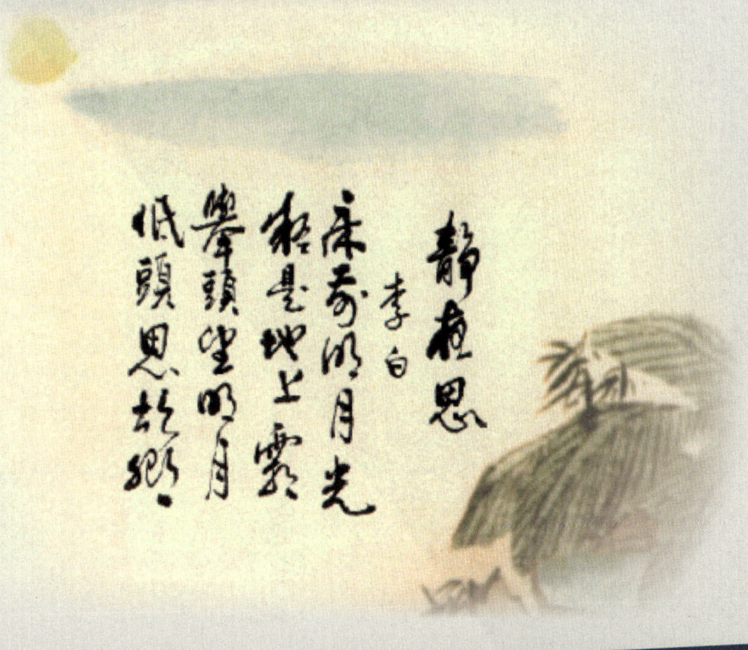

第六课 这是王老师

소개 인사

학습 목표

第六课 这是王老师

- 친구와 선생님을 서로에게 소개하는 회화를 익힐 수 있다.
- 상대방을 환영하고, 차나 커피를 권하는 표현을 배울 수 있다.
- 어기조사 '吧'의 쓰임을 이해하고, 제안이나 권유하는 문장을 만들 수 있다.

새단어

1. 朋友 (名) péngyou	친구
2. 你们 (代) nǐmen	당신들
3. 欢迎 (动) huānyíng	환영합니다
4. 坐 (动) zuò	앉다
5. 喝 (动) hē	마시다
6. 点儿 (量)diǎnr	약간, 조금
7. 咖啡 (名) kāfēi	커피
8. 茶 (名) chá	차
9. 吧 (助) ba	어기조사 (의문, 명령, 권유)
10. 林珉 (固有) Línmín	린민 (인명)

본문

龙三：这 是 王 老师。
Zhè shì Wáng lǎoshī.

老师, 这 是 我 朋友。
Lǎoshī, zhè shì wǒ péng you.

林珉：老师 好！
Lǎoshī hǎo.

老师：你们 好！欢迎 你们。
Nǐmen hǎo! Huānyíng nǐmen.

请进, 请坐。你们 喝 点儿 什么？
Qǐngjìn, qǐngzuò. Nǐmen hē diǎnr shénme?

龙三：我 喝 咖啡。
Wǒ hē kāfēi.

林珉：我 喝 茶。
Wǒ hē chá.

老师：请吧！
Qǐngba!

龙三：谢谢！
Xièxie!

회화연습

감사

A : 请 喝 茶！
Qǐng hē chá.

B : 谢谢！
Xièxie.

A : 不客气。
Búkèqi.

주석

(一) "有(一)点儿"과 "(一)点儿"

"有(一)点儿"은 "조금、약간、다소"의 의미를 나타내며 품사로는 부사나 형용사로 문장에서는 상황어나 술어로 사용된다.

汉语有一点儿难。

"(一)点儿"은 "약간、조금" 등 소량을 나타낸다. 품사로는 양사로서 한정어나 보어로 사용된다.

你们喝点儿什么?

(二) "吧"

"吧"는 문장의 끝에 놓여 "제의、가벼운 명령、동의、추측" 등을 나타낸다.

请喝吧!
好吧!
他在吧?

(二) "不客气"

"不客气"는 "谢谢"에 대한 대답으로 "천만에요, 별말씀을" 라는 의미로 쓰인다. 이 경우 "不谢"라고도 표현할 수 있다. 또한 어떤 사람이 자신에게 겸손을 표시할 때도 "사양하지 마세요!" 란 표현으로 사용할 수 있다. "别客气" 、"不要客气"라고도 할 수 있다.

읽기연습

(一) 성모변별

ban	pan	dan	tan	gan	kan
ben	pen	dang	tang	geng	keng
jian	qian	xian	jiang	qiang	xiang
ju	qu	xu	jin	qin	xin
zi	ci	si	zhi	chi	shi
zu	cu	su	ze	ce	se

zhe	che	zhan	chan	zhang	chang
shu	ru	shan	ran	shang	rang
zan	zhan	ca	cha	zhu	chu
zai	zhai	cao	chao	chuan	shuan
zong	zhong	cui	chui	zhuan	ruan

(二) 운모변별

ban	bang	ben	beng	dun	dong
pan	pang	fen	feng	tun	tong

jian	jiang	pin	ping	huan	huang
lian	liang	min	ming	guan	guang
qian	qiang	xin	xing	chuan	chuang
xian	xiang	jin	jing	zhuan	zhuang

(三) 음절과 성조 변별

zìjǐ	zhījǐ	cúnqián	chūntiān
chēngzàn	cānguān	zǒngyào	zhòngyào
sìshí	shìshí	cìjī	sījī
dǎsǎn	dàshān	qīngzǎo	qīngsǎo
sēnlín	shēntǐ	zǔguó	sùshuō
záyì	zázhì	shuìjiào	shuǐdào

(四) 변조연습

1. 3성변조

jiǎndān	hǎibiān	hǎixiān	hǎochī
biǎoyáng	gǎnjué	jiǎnchá	lǚxíng
yǔfǎ	chǎngzhǎng	biǎoyǎn	kěyǐ
bǐsài	děngdài	biǎoshì	gǎnxià
ěrduo	sǎngzi	yǐzi	nǎinai

2. "不"의 변조

bùchī	bùhē	bùshuō	bùduō
bùlái	bùxíng	bùtóng	bùnéng
bùmǎi	bùlěng	bùdǎ	bùhǎo
búmǎi	búqù	búmài	búgòu

(五) 얼화운(儿化韵)

xiǎoháir	hǎowánr	méishìr	liáotiānr
yìdiǎnr	yíxiàr	yíhuìr	yíkuàir

yǒudiǎnr	chànggēr	yǎnjìngèr	míngpáir
qùnǎr	qùnàr	zàinǎr	zàinàr

(六) 경성

gāode	dīde	nánde	nǚde
báide	hóngde	lǜde	rènao
tàiyang	yuèliang	běnzi	jiǎozi

(七) 회화완성

A : 明天 你 去 哪儿?

B : ______________________。

A : ______________________?

B : 我 喝 茶?

A : 他 是 谁?

B : 他 是 ________________。

강의실 중국어 (2)

请听我发音！
Qǐng tīng wǒ fā yīn!
나의 발음을 들어보세요!

听我说。
Tīng wǒ shuō。
나의 말을 들어보세요.

跟我说。
Gēn wǒ shuō。
나를 따라 말하세요.

这个字/词怎么读？
Zhè ge zì/cí zěnme dú?
이 글자/단어 어떻게 읽습니까?

请您慢一点儿。
Qǐng nín màn yìdiǎnr.
좀 천천히 해주세요.

韩语的”……”汉语怎么说？
Hányǔ de “……” Hànyǔ zěnme shuō?
한국어의 “……”를 중국어로 어떻게 말합니까?

第七课 我学习汉语

중국어 학습

학습 목표

第七课 我学习汉语

- "请问"을 사용해 정중하게 상대방의 성이나 이름을 묻고 답하는 회화를 익힐 수 있다.
- 자신이나 상대방의 국적을 묻고 답하는 표현을 배울 수 있다.
- 무엇을 공부하는지 묻고 답하는 표현을 할 수 있다.

새단어

1. 请问 qǐngwèn	실례합니다
2. 贵姓 guìxìng	성은 무엇입니까
3. 姓 (动、名) xìng	~성씨이다, 성씨
4. 叫 (动) jiào	~라고 부르다
5. 名字 (名) míngzi	이름
6. 哪 (代) nǎ	어디
7. 国 (名) guó	나라
中国 Zhōngguó	중국
韩国 Hánguó	한국
美国 Měiguó	미국
法国 Fǎguó	프랑스
英国 Yīngguó	영국
德国 Déguó	독일
日本国 Rìběngguó	일본
8. 学习 (动、名) xuéxí	학습하다, 학습
学 (动) xué	배우다
9. 汉字 (名) Hànzì	한자
10. 发音 (名) fāyīn	발음
11. 留学生 (名) liúxuéshēng	유학생
12. 张平 (固有) Zhāngpíng	짱핑
13. 王国庆 (固有) Wángguóqìng	왕꿔칭
14. 田镇国 (固有) Tiánzhènguó	티엔쩐궈

본문

龙三：请问，您 贵姓？
Qǐngwèn, nín guìxìng?

张平：我 姓 张。
Wǒ xìng Zhāng.

龙三：你 叫 什么 名字？
Nǐ jiào shénme míngzì?

张平：我 叫 张平。
Wǒ jiào Zhāngpíng.

龙三：你 是 哪国人？
Nǐ shì nǎguó rén.

张平：我 是 中国 人。
Wǒ shì Zhōngguó rén.

你 是 哪 国 人？
Nǐ shì nǎ guó rén.

龙三：我 是 韩国 人。
Wǒ shì Hánguó rén.

张平：你 学习 什么？
Nǐ xuéxí shénme?

龙三：我 学习 汉语。
Wǒ xuéxí Hànyǔ.

张平：汉语 难 吗？
Hànyǔ nán ma?

龙三：汉字 很 难，发音 不 太 难。
Hànzì hěnnán, fāyīn bú tài nán.

회화연습

1. 성명 묻고 답하기

A : 您 贵姓?
Nín guìxìng?

B : 我 姓 王。我 叫 王国庆。
Wǒ xìng Wáng, wǒ jiào Wángguóqìng.

你 叫 什么 名字?
Nǐ jiào shénme míngzi?

A : 我 叫 龙三。
Wǒ jiào Lóngsān.

2. 묻기

A : 他 是 谁?
Tā shì shéi?

B : 他 是 王 老师。
Tā shì wáng lǎoshī.

3. 자기소개

A : 我 叫 龙三。
Wǒ jiào Lóngsān.

我 是 韩国 人。
Wǒ shì hánguó rén.

我 是 留学生。
Wǒ shì liúxuéshēng.

4. 국적 묻기

A : 你 是 哪 国 人?
Nǐ shì nǎ guó rén?

B : 我 是 中国 人。
Wǒ shì Zhōngguó rén.

주석

(一) 성명

중국인의 성명은 한국인과 유사하다. 성과 이름으로 나눌 수 있으며, 앞에 부분이 성에 해당되고, 뒤에 부분이 이름에 해당된다. 성은 대부분 한 글자이지만 때로는 두 글자로 된 성도 있다. 이름은 한 글자나 두 글자 모두 자주 사용되고 있다.

姓	名
王(Wáng)	国庆(Guóqìng)
张(Zhāng)	平(Píng)
田(Tián)	镇国(Zhènguó)

(二) 성명 묻고 답하기

1) "贵姓(guìxìng)"

상대방의 성을 물을 때 사용하는 정중한 표현이다. 가볍게 물을 적에는 你姓什么(nǐ xìng shénme)?라고 사용할 수 있으며, 여기서 '姓'은 동사로서 '~성이라고 부리다'고 쓰인다. 대답은 "我姓~"라고 한다.

您贵姓? ➜ 我姓王。

2) "你叫什么名字?"

"你叫什么名字?"에서 "叫"는 "…(이)라고 부르다"라는 의미로 이름을 묻거나 밝힐 때 사용한다. 대답은 "我叫~라고 한다.

你叫什么名字 ➜ 我叫国庆。

"您贵姓"이라고 성만 물은 경우에도 "我姓~, 叫~"라고 이름까지 대답할 수 있다. 연장자이거나 높은 사람에게 예의를 갖춰 상대방의 성명을 묻고자 할 때는 "您怎么称呼?"、"尊姓大名?" 이라고 표현할 수 있다.

(三) "请问"

"请问"은 상대방에게 길을 묻거나 어떠한 것을 공손하게 물을 때 사용하는 표현이다. "실례합니다"、"잠깐 여쭙겠습니다"、"말 좀 물읍시다" 등의 뜻을 가지고 있다. "请问, ……?"라고 말한다.

발음

강하게 읽는 음절(重音)

중국어는 쌍음절과 다음절로 이루어진 단어는 그 중에 한 음절을 조금 강하게 읽는다. 이러한 것은 강하게 읽는다고 하여 '重音'이라고 한다. 대부분의 '重音'은 가장 뒤의 음절위에 있다. 본서에서 굵은 서체로 '重音'을 표시하였다.

Hàn**yǔ**(汉语)	fā**yīn**(发音)	Yīng**yǔ**(英语)
Xīng**qī**(星期)	dà**xúe**(大学)	wén**huà**(文化)

읽기연습

1. 음절과 성조 변별

dàxué	dàxuě	xuéxí	xuéqī
Yīngyǔ	yīnyuè	Fǎyǔ	fānyì
Rìyǔ	lìyú	yān jiǔ	yánjiū

2. 삼성변조

qǐngchī	qǐnghē	qǐngtīng	qǐngshuō
hěnnán	hěnmáng	hěnhóng	hěnténg
hěnlěng	hěnkě	měihǎo	shǒubiǎo
hěndà	wǒ pà	hěn màn	hěn è
hǎoma	xiǎo ma	lǎo de	shǎo le

3. 경성

zhuōzi	duōshao	duōme	qīngchu
liángkuai	zánmen	máfan	míngzi
dǒngma	lěngma	zěnme	nuǎnhuo
wèile	dòufu	dàifu	tàidu

4. 성조결합

fēijī	xīngqī	gōngjīn	kāfēi
xīnwén	yāoqiú	qīngnián	kēxué
gāngbǐ	hēibǎn	tīngxiě	gōnglǐ
fānyì	tiānqì	gānjìng	gāoxìng
tāmen	xiūxi	Dōngxi	xiāoxi

연습문제

(一) 물음에 답하기

1. 你叫什么名字?

   ______________________________。

2. 你是哪国人?

   ______________________________。

3. 你学习什么?

   ______________________________。

4. 汉语难吗?

   ______________________________。

(二) 회화완성

A : ______________________________?

B : 我姓张。

A : ______________________________?

B : 我叫张平。

A : ______________________________?

B : 我是中国人。

A : ______________________?

B : 我学习汉语。

A : ______________________?

B : 发音不太难。汉字不容易。

(三) 한어병음을 달고 해석하시오.

1. 我叫龙三，我是韩国人。

병음 ______________________

해석 ______________________

2.. 我学习汉语。汉语的发音不太难，汉字很难。

병음 ______________________

해석 ______________________

3. 他叫张平，他是中国人，他学习英语。

병음 ______________________

해석 ______________________

중국어 문장성분

문장 내에서 지위와 작용 및 관계에 따라 분류하여 단어나 구에 부여한 명칭이다.

1. 주어(主语) : 문장에서 서술하는 주체이다.
2. 술어(谓语) : 주어의 서술 대상이다.
3. 빈어(宾语) : 동사에 대한 개념으로 동사가 나타내는 동작이나 행위가 미치는 부분이다.
4. 한정어(定语) : 명사인 중심어를 수식、제한하는 성분이다.
5. 보어(补语) : 술어의 주요 성분이 동사나 형용사를 보충、설명、강조、완결시킨다.
6. 상황어(状语) : 동사나 형용사를 수식한다. 주로 부사와 개사구 등이 역할을 한다.

한정어나 상황어의 수식을 받거나, 보어의 보충 설명을 받는 성분을 "중심어"라고 한다. 문장 성분 사이의 어순은 보어와 빈어의 어순이 항상 일정하지는 않으나, 일반적으로 주어 · 동사 · 보어 · 빈어의 순이며, 한정어나 상황어는 항상 중심어 앞에 위치한다.

MEMO

第八课 你吃什么

무엇을 드십니까?

학습 목표

第八课 你吃什么

- 점심에 무엇을 먹고 마시는지 묻고 답하는 회화를 익힐 수 있다.
- 다양한 음식과 음료 명칭을 배울 수 있다.
- 수량을 나타내는 양사와 복수 지시대명사의 사용법을 이해할 수 있다.

새단어

1. 中午 (名) zhōngwǔ	점심
2. 吃 (动) chī	먹다
3. 饭 (名) fàn	밥, 식사
4. 食堂 (名) shítáng	식당
5. 馒头 (名) mántou	만두
6. 米饭 (名) mǐfàn	쌀밥
米 (名) mǐ	쌀
7. 要 (动) yào	~하려고 한다
8. 个 (量) gè	개 (수량)
9. 碗 (名、量) wǎn	그릇, 그릇 (수량)
10. 鸡蛋 (名) jīdàn	계란
11. 汤 (名) tāng	국
12. 啤酒 (名) píjiǔ	맥주
13. (一) 些 (量) (yì)xiē	약간
14. 这些 (代) zhèxiē	이것들
那些 (代) nàxiē	저것들
15. 饺子 (名) jiǎozi	만두
16. 包子 (名) bāozi	찐빵
17. 面条儿 (名) miàntiáor	국수

본문

(교실에서)

龙三：中午 你 去 哪儿 吃 饭？
Zhōngwú nǐ qù nǎr chī fàn?

林珉：我 去 食堂。
Wǒ qù shítáng.

(식당에서)

龙三：你 吃 什么？
Nǐ chī shénme?

林珉：我吃馒头。
Wǒ chī mántou.

龙三：你 要 几个？
Nǐ yào jǐ gè?

林珉：一 个。你 吃 吗？
Yígè. Nǐ chī ma?

龙三：不吃。我吃米饭。你喝什么？
Bù chī. Wǒ chī mǐfàn. Nǐ hē shénme?

林珉：我 要 一 碗 鸡蛋汤。你 喝 吗？
Wǒ yào yì wǎn jīdàntāng. Nǐ hē ma?

龙三：不 喝。我 喝 啤酒。
Bù hē. Wǒ hē píjiǔ.

林珉：这 些 是 什么？
Zhè xiē shì shénme?

龙三：这 是 饺子。那 是 包子。
Zhè shì jiǎzi. Nà shì bāozi.

회화연습

주문하기

A : 你 吃 什么?
Nǐ chī shénme?

B : 我 吃 米饭。
Wǒ chī mǐfàn.

A : 你 喝 什么?
Nǐ hē shénme?

B : 我 喝 啤酒。
Wǒ hē píjiǔ.

주석

(一) "一"의 변조

수사 "一"의 본래 성조는 제1성이다. 단독으로 읽거나 셈을 셀 경우에는 본래의 성조대로 읽는다. 그러나 "一"의 발음이 뒤에 나오는 음절의 성조에 따라 변화가 일어난다. "一" 뒤의 음절이 제 1、2、3성일 경우에는 "一"을 제4성으로 읽는다. "一"뒤의 음절이 제4성일 경우에는 "一"을 제2성으로 읽는다.

yìbān(一般) yìyuán(一元) yìběn(一本) yígè(一个)
yìshí(一十) yìnián(一年) yìdiǎn(一点) yíjiàn(一见)

(二) "几、多少"

"几"와 "多少"는 모두 의문대명사로 "몇、얼마"의 뜻으로 쓰인다. "几"는 보통 10 이하의 수를 물을 때 사용하고, "多少"는 주로 10 이상의 수를 물을 때 사용한다.

(三) 명량사(名量词)

사람이나 사물의 단위 및 동작의 회수를 나타내는 것을 양사라고 한다. 다시 사람이나 사물의 수량단위를 나태 낼 경우에는 명량사(名量词)라고 하며 동작의 횟수를 나타낼 경우에는 동량사(动量词)라고 한다. 명사는 각기 고유한 양사를 가지고 있다.

一碗鸡蛋汤　　一条路　　一张纸　　一本书　　一把椅子

(四) 연동사술어문

술어가 동사 두 개가 연결되어 이루어진 문장을 연동사술어문이라고 한다. 연동사술어문의 두 동사는 주어가 같으며, 연결된 동사의 차례는 고정되어 있어서, 바꿀 수 없다.

1) 뒤에 나오는 동사(혹은 동사구)는 앞에 동사가 나타내고자 하는 동작의 목적을 표시한다.

　你去哪儿吃饭？

2) 앞에 나오는 동사(혹은 동사구)는 뒤에 나오는 동사가 나타내고자 하는 동작에 대한 진행의 방법을 표시한다.

　我用汉语谈话。

읽기연습

1. 음절과 성조 변별

tóu　shǒu　bí　yǎn　kǒu
jī　yā　niú　yáng　gǒu
fàn　cài　guǒ　chá　nǎi
róu　dàn　táng　yān　jiǔ
mántou　nánshòu　bāozi　páozi
jīdàn　qītiān　shūbāo　shūbào
dā chē　dàchē　nǎli　nàli

2. 다음절 연속해서 읽기

chī mántou　chī miànbāo　chī dàngāo　chī jiǎozi
hē kāfēi　hē niúnǎi　hē píjiǔ　hē chá

3. "一"의 변조

yìfēng　yìtiān　yì　zhāng　yìbiān
yì céng　yìhuí　yì jié　yìnián
yìběn　yì diǎn　yìbǎ　yì chǎng
yí gè　yí kè　yí liàng　yí bàn

4. 경성

dāozi　chāzi　sháozi　kuàizi　jiǎnzi
wūzi　zhuōzi　yǐzi　guìzi　hézi

5. 성조결합

fángjiān	míngtiān	niánqīng	guójiā
míngnián	huídá	jíhé	liúxué
niúnǎi	píjiǔ	yóuyǒng	ménkǒu
yóupiào	búyào	cídài	xíguàn
biéde	péngyou	juéde	máfan

연습문제

(一) 물음에 대한 대답을 보기에 있는 단어로 채워 넣으시오.

1. 你 吃 什么?

饭、馒头、包子、米饭、面条、饺子

我 吃 ________________ 。

2. 你 喝 什么?

汤、茶、牛奶、啤酒、水、鸡蛋汤

我 喝 ____________ 。

(二) 물음에 답하기.

1. 你去吃饭?

　______________________。

2. 这是什么?

　______________________。

3. 那是什么?

　______________________。

4. 那些是什么?

　______________________。

5. 你吃什么?

　______________________。

6. 你吃几个?

　______________________。

(三) 회화완성

A : ______________________?

B : 我 去 食堂 吃 饭。

A : ______________________?

B : 这 是 馒头。

A : ______________________?

B : 那 是 包子。

A : ______________________?

B : 那些 是 饺子。

A : ______________________?

B : 我 吃 馒头。

A : ______________________?

B : 我 吃 一 个。你 吃 吗?

A : __________________________?, 我 吃。你 喝 汤 吗?

B : 喝。我 要 一 个 鸡蛋汤。你 喝 什么?

A : 我 喝 ______________________?

(四) 그림 보고 대답하기

A : 这是什么 ?

B : 这是 __________________ 。

 词典	 电话	 电视	 书
 电脑	 录音机	 汽车	 伞

중국의 국기, 휘장

中國의 國旗, 휘장은 중화인민공화국의 상징이며, 독립 주권국이라는 상징을 나타낸다.

국기는 오성홍기(五星紅旗)이다. 국기의 붉은 바탕은 "혁명(革命)"을, 황색의 다섯 별은 붉은 대지로부터 밝아오는 "광명(光明)"을 상징한다. 황색의 다섯 별 중 가장 큰 별과 주위 네 개의 별은 각각 "중국공산당"과 "중국인민"을 대표하며, 중국공산당의 지도하에 조화, 단결하는 인민을 나타낸다.

휘장을 사용하는데, 중앙의 천안문은 중국인민의 반제국주의, 반봉건주의 민족정신을 상징한다. 천안문 아래 둥근 황금색 톱니바퀴와, 주위의 곡식은 각각 "노동자계급"과 "농민"을 상징한다. 황색의 다섯 별은 오성홍기(五星紅旗)에 있는 것과 같은 의미를 지닌다.

MEMO

第九课 苹果一斤多少钱

사과 한 근에 얼마죠?

학습 목표

第九课 苹果一斤多少钱

- 물건의 가격을 묻고 답하는 회화를 익힐 수 있다.
- 물건을 사고팔 때 사용하는 기본적인 표현들을 배울 수 있다.

새단어

1. 买 (动) mǎi	사다
2. 苹果 (名) píngguǒ	사과
3. 钱 (名) qián	돈
4. 斤 (量) jīn	근(수량)
5. 贵 (形) guì	비싸다
6. 多少 (代) duōshao	얼마, 몇
多 (形) duō	많다
少 (形) shǎo	적다
7. 块、元 (量) kuài、yuán	원(화폐 단위)
8. 毛、角 (量) máo、jiǎo	마오(화폐 단위 元의 10분의 1)
9. 分 (量) fēn	펀(화폐 단위 毛의 10분의 1)
10. 两 (数) liǎng	둘, 이
11. 橘子 (名) júzi	귤
12. 还 (副) hái	아직, 또
13. 别的 (代) biéde	다른
14. 一共 (副) yígòng	모두
15. 给 (动) gěi	주다
16. 找 (动) zhǎo	찾다

보충단어

1. 香蕉 (名) xiāngjiāo	바나나
2. 葡萄 (名) pútao	포도
3. 西瓜 (名) xīguā	수박
4. 梨 (名) lí	배
5. 桃 (名) táo	복숭아
6. 草莓 (名) cǎoméi	딸기
7. 公斤 (量) gōngjīn	킬로그램
8. 黄瓜 (名) huángguā	오이
9. 西红柿 (名) xīhóngshì	토마토
10. 芹菜 (名) qíncài	미나리
11. 茄子 (名) qiézi	가지
12. 豆角儿 (名) dòujiǎor	콩꼬투리(식용)
13. 葱头 (名) cōngtóu	양파
14. 土豆 (名) tǔdòu	감자
15. 菜花儿 (名) càihuār	콜리플라워

본문

A : 你 买 什么？
Nǐ mǎi shénme?

B : 苹果 一 斤 多少 钱？
Píngguǒ yì jīn duōshao qián?

A : 四 块
Sì kuài.

B : 四 块？ 太 贵 了。 三 块 五 吧。
Sì kuài? Tài guì le. Sān kuài wǔ ba.

A : 你 要 几 斤？
Nǐ yào jǐ jīn?

B : 我 买 五 斤。
Wǒ mǎi wǔ jīn.

A : 还 要 别的 吗？
Hái yào biéde ma?

B : 橘子 多少 钱 一 斤？
Júzi duōshao qián yì jīn?

A : 两 块 五。
Liǎng kuài wǔ.

B : 要 两 斤。 一共 多少 钱？
Yào liǎng jīn. Yígòng duōshao qián?

A : 一共 二十二 块 五(毛) 。
Yígòng èrshí'èr kuài wǔ(máo).

你 给 二十二 块 吧。
Nǐ gěi èrshí'èr kuài ba.

B : 给 你 钱。
Gěi nǐ qián.

A : 这 是 五十, 找 您 二十八 块。
Zhè shì wǔ shí, zhǎo nín èrshíbā kuài.

회화연습

물건사기

A : 你 要 什么?
Nǐ yào shéme?

B : 我 买 苹果。
Wǒ mǎi píngguǒ.

A : 苹果 多少 钱?
Píngguǒ duéshao qián ?

B : 一 斤 三 块 五。
Yì jīn sān kuài wǔ.

주석

(一) "吧"

'吧'는 어기조사로서 요구、권유、상의함을 나타낸다.

你给二十二块吧。

(二) "太贵了"

"太 + 형용사 + 了"의 형식으로 강조, 놀람, 기쁨 등을 나타낸다.

太贵了。 太好了。
太大了。 太少了。

(三) 돈 계산법

중국의 화폐단위는 "元、角、分"과 "块、毛、分"이 있다. 표기에서는 주로 "元、角、分"을 사용하고 구어상에서는 주로 "块、毛、分"을 사용한다.

3.15元 : 三元一角五分 ➜ 三块一毛五(分)
25.60元 : 二十五元六角 ➜ 二十五块六(毛)

중간의 빈 단위는 "零"으로 읽는다.

14.08元 : 十四元零八分 ➜ 十四块零八(分)
40.07元 : 四十元零七分 ➜ 四十块零七(分)

구어에서는 흔히 "块" 다음의 단위와 끝에 "钱"을 생략한다.

2.00元 : 两元 ➜ 两块(钱)

(四) 그림을 통한 단어 해설

 桃	 葡萄	 茄子	 西红柿
 香蕉	 苹果	 梨	 草莓
 黄瓜	 西瓜	 葱头	 土豆

발음

단어의 중음(2)

음절이 세 개 이상인 다음절 단어의 중음은 대부분 가장 뒤에 오는 음절에 위치한다.

túshū**guǎn**(图书馆)　　liúxué**shēng**(留学生)

fēijī**chǎng**(飞机场)　　huǒchē**zhàn**(火车站)

읽기연습

1. 음절과 성조 변별

shū běn zhǐ bǐ dāo
chá bēi zhuō yǐ bāo
huā huàr zì bào xìn
xié wà yī mào biǎo
dānxīn tánxīn chítáng shítáng
tóuděng tóuténg dòngcí tóngshí

2. 성조결합

běijīng měitiān hǎochī zǎocān
yǐqián yǔyán děng rén lǚxíng
fǔdǎo xǐzǎo suǒyǐ kǒuyǔ
cǎisè hǎokàn zěnyàng wǔfàn
wǒ de xǐhuan jiějie yǎnjing

3. 다음절 단어 읽기

liúxuéshēng túshūguǎn fēijīchǎng
huǒchēzhàn chūzūchē dàshǐguǎn
wǎngqiúchǎng tàijíquán yùndònghuì
yùndòngyuán huàzhuāngpǐn xiǎochīdiàn

연습문제

(一) 아래 대화의 밑줄 있는 단어를 보기의 단어로 바꾸어 대화를 만들어 보시오.

黄瓜、一块,	西红柿、三块五		
芹菜、一块二,	茄子、两块		
豆角儿、五毛钱,	葱头、七毛钱	土豆、一块八	菜花儿、三块

A : 苹果 一斤多少钱?

B : 苹果 一斤三块五。

(二) 한어병음을 달고 해석하시오.

我买苹果。我问 : "苹果一斤多少钱 ?"

병음 ______________________________ 。

해석 ______________________________ 。

他说 : "一斤五块。"

병음 ______________________________ 。

해석 ______________________________ 。

他问我买多少斤。

병음 ______________________________ 。

해석 ______________________________ 。

我说买两斤。

병음 ______________________________ 。

해석 ______________________________ 。

他问 : "你还买别的吗 "

병음________________________________ 。

해석________________________________ 。

我说还买橘子。

병음________________________________ 。

해석________________________________ 。

他说橘子一斤两块五。一共二十二块五，你给二十二块吧。

병음____ 。

해석____ 。

(三) 회화 완성

A : 你 买 什么?

B : ____________________。

A : 你 买 多少?

B : ____________________。

A : 还 要 别的 吗?

B : ______________ 。 _____________?

A : 一共 _____________ 。

A : ____________ 。 ____________ ?

B : 我 买 桔子。一 斤 多少 钱?

A : ____________ 。 ____________ ?

B : 我 买 五 斤。一共 多少 钱?

A : ______________ 。 ______________ ?

B : 不 要。谢谢!

A : ________________ 。

강의실 중국어 (3)

请您再念一遍。
Qǐng nín zài niàn yí biàn.
다시 한번 읽어주세요.

请您再说一遍。
Qǐng nín zài shuō yí biàn.
다시 한번 말씀해주세요.

跟我读。
Gēn wǒ dú。
나를 따라 읽어보세요.

跟我写。
Gēn wǒ xiě。
나를 따라 써보세요.

再听一遍。
Zài tīng yí biàn。
다시 들어보세요.

再读一遍。
Zài dú yí biàn。
다시 한번 읽어보세요.

再写一遍。
Zài xiě yí biàn。
다시 써보세요.

第十课 我要换钱

환전하기

학습 목표

第十课 我要换钱

- 은행에서 환전하는 상황과 관련된 회화를 배울 수 있다.
- 다양한 화폐 단위와 큰 숫자를 말하는 방법을 익힐 수 있다.

새단어

1. 下午 (名) xiàwǔ	오후
上午 (名) shàngwǔ	오전
2. 图书馆 (名) túshūguǎn	도서관
3. 要 (能愿) yào	~하려고 한다, ~하고 싶다
4. 小姐 (名) xiǎojiě	아가씨
5. 换 (动) huàn	바꾸다
6. 美元 (名) měiyuán	달러(미국화폐단위)
港币 (名) gǎnbì	홍콩달러
韩元 (名) hányuán	원(한국 화폐단위)
日元 (名) rìyuán	엔(일본 화폐단위)
英镑 (名) yīngbàng	파운드(영국 화폐단위)
马克 (名) mǎkè	마르크(독일 화폐단위)
法郎 (名) fǎláng	프랑(프랑스 화폐단위)
欧元 (名) ōuyuán	유로화(유로화 화폐단위)
7. 营业员 (名) yíngyèyuán	점원, 종업원
8. 百 (数) bǎi	백
9. 千 (数) qiān	천
10. 万 (数) wàn	만
11. 人民币 (名) rénmínbì	인민폐
人民 (名) rénmín	인민, 백성
12. 等 (动) děng	기다리다
13. 一会儿 (名、副) yíhuìr	잠시, 잠깐
14. 先生 (名) xiānsheng	선생, 씨
15. 数 (动、名) shǔ	세다, 숫자
16. 对 (形) duì	맞다
17. 了 (助) le	조사(과거나 완료를 나타냄)
18. 不客气 (形) búkèqi	사양하지 마세요
客气 (动、形) kèqi	사양

본문

林珉：下午 我 去 图书馆。你 去 不 去？
Xiàwǔ wǒ qù túshūguǎn. Nǐ qù bu qù?

龙三：我 不 去。我 要 去 银行 换钱。
Wǒ bú qù. Wǒ yào qù yínháng huàn qián.

은행에서

龙三：小姐，我 要 换 钱。
Xiǎojiě, wǒ yào huàn qián.

营业员：您 换 什么 钱？
Nín huàn shénme qián?

龙三：我 换 人民币。
Wǒ huàn rénmínbì.

营业员：换 多少？
Huàn duōshao?

龙三：二百美元。
Érbǎi měyuán.

营业员：请 等 一会儿。
Qǐng děng yíhùr.

……先生，给 您 钱。请 数数。
……Xiānsheng, gěi nín qián. Qǐng shǔshu.

龙三：对了，谢谢！
Duì le. Xièxiè!

营业员：不客气！
Bú kèqi!

회화연습

A : 我 换 钱。
Wǒ huàn qián

B : 您 要 换 什么 钱。
Nín yào huàn shénme qián?

A : 我 换 人民币。
Wǒ huàn rénmínbì.

B : 您 换 多少?
Nín Huàn duōshao?

A : 我 换 五百 美元。
Wǒ huàn wǔbǎi měiyuán.

주석

(一) 先生과 小姐

"先生"은 남성에 대한 일반적인 호칭이다.
"小姐"는 미혼 여성에 대한 일반적인 호칭이다.

성(姓) + 小组/先生
李 + 小姐/先生→ 李小姐 / 先生
张 + 小姐/先生→ 张小姐/先生

先生、同志、师傅의 구별

- 先生은 낯선 남자에 대해 존중과 격식을 갖추어 부르는 호칭이다. 이외에 지식인, 특히 교사를 지칭하는 의미로도 쓰이는데, 이 때는 남녀의 구분 없이 사용한다. 또한 결혼한 여자가 자기 남편을 지칭할 때도 사용한다.
- 同志는 낯선 사람들 사이에 부르는 호칭으로 성별、연령、직업 등의 구분 없이 두루 쓰인다. 예전에는 많이 쓰였으나 갈수록 사용하는 사람이 줄어들고 있다.
- 师傅는 원래는 상공계나 연극계、무술계 등에서 기예를 전수하는 사람을 부르던 호칭이다. 지금은 同志와 더불어 성별、연령、직업 등의 구분 없이 낯선 사람을 부를 때 사용하는 호칭으로 되었다. 그러나 군인、경찰、정부기관의 사람들에 대해서는 일반적으로 师傅가 아니라 同志로 부른다. 또한 교사에 대해서는 师傅라고 불러서는 안 된다.

(二) 请等一会儿!

'잠시 기다리세요!'란 의미로 사용된다. "一会儿"은 잠깐、잠시의 의미로 사용된다.

(三) 对了

"옳다、맞다"라는 의미로도 쓰이며, 회화에서 말하는 사람이 갑자기 다른 화제를 생각해 냈을 때, 혹은 앞에서 말한 내용에 대해 보충할 때 "对了"라는 말로 시작한다.

(四) "请数数"

짧은 시간에 일어나는 동작이나 문장의 어기를 부드럽게 하기 위하여 동사를 중복하여 사용한다.

请数数。
我们都想看看。

단음절 동사인 경우에는 중간에 一를 더할 수도 있다.

请数一数。
我们都想看一看。

같은 효과로 一下儿를 사용할 수도 있다.

请数一下儿。
我们都想看一下儿。

발음

제3성이 세 개 연속 이어져 있을 경우에는 일반적으로 앞에 두 개의 삼성은 2성으로 변하고, 제 세 번째 3성은 원래되로 읽거나 반3성으로 읽는다.

예 我很好。("我"와 "很"은 제2성으로 읽고, "好"는 제3성으로 읽는다.)
五百美元。("五"와 "百"는 제2성으로 읽고, "美"는 제3성으로 읽는다.)

읽기연습

1. 음절과 성조 변별

huànqián fànqián měiyuán měinián
xiānsheng shānshang yīngbàng yìháng
duìhuàn tuìhuàn yìbān

2. 다음절 단어 연속해서 읽기

bàngōngshì diànyǐngyuàn dàshǐguǎn
kāiwánxiào yǒuyìsi méiguānxi
yǒushíhou qùshāngdiàn mǎidōngxi

3. "不"의 변조

bùshuō bùduō bùnéng bùlái
bùhǎo bùmǎi bújiè búxiè

4. 성조결합

diànchē miànbāo dàshēng diàndēng
fùxí kèwén liànxí wèntí
Hànyǔ wàiyǔ zhèlǐ nàlǐ
Guìxìng yùndòng yànhuì kàn bìng
Piàoliang yuèliang xièxie dàifu

연습문제

(一) 밑줄 있는 단어를 보기에 있는 단어로 바꾸어 넣는 연습을 하시오.

给 + 你

我	他	你们	他们	老师

一 + 百

二	三	五	六	八	九

今天 + 下午

明天	后天	星期三

(二) 한어병음을 달고 해석하시오.

A : 先生，我要换钱。

병음 ______________________________ 。

해석 ______________________________ 。

B : 你换什么钱？

병음 ______________________________ 。

해석 ______________________________ 。

A : 我换五百日元的人民币。

병음 ______________________________ 。

해석 ______________________________ 。

B：请等一会儿。……小姐，给您钱。您数数。

병음______________________________。

해석______________________________。

A：对了。谢谢！

병음______________________________。

해석______________________________。

B：不客气！

병음______________________________。

해석______________________________。

(三) 회화완성

A：您 换 什么 钱?

B：________________。

A：请 等 一会儿。……给 您 钱。

B：______________________！

A：不 客气!

A：_____________________？

B：不 去。我 要 去 银行。

A：__________，__________？

B：我 换 人民币。

A：__________，__________？

B：谢谢!

A：__________！

"官话、国语、普通话"의 차이가 뭐야?

중국어에서 '官话(관화)', '国语(국어)', '普通话(보통화)'는 모두 중국의 표준어와 관련된 용어이지만, 사용되는 맥락과 역사적 배경에 따라 약간의 차이가 있습니다.
官话(Guānhuà, 관화)는 '관청어'라는 뜻으로, 역사적으로 중국 관료들이 사용하던 공통어를 지칭했습니다. 주로 북방 지역의 방언을 기반으로 발전했습니다.

여러 지역의 '관화'가 있었으며, 시간이 지나면서 특정 지역의 관화가 더 우세해지기도 했습니다. 현대 표준 중국어의 바탕이 되는 큰 범주의 방언군을 의미하기도 합니다. '만다린(Mandarin)'이라는 영어 표현이 바로 이 '관화'에서 유래했습니다.

国语(Guóyǔ, 국어)는 '국가어', '국민어'라는 뜻입니다. 주로 타이완에서 사용하는 표준 중국어를 지칭합니다. 중화민국 시기에 북방 방언, 특히 베이징 발음을 기반으로 표준어를 제정하면서 '국어'라고 명명했습니다.

'국어'와 '보통화'는 기본적으로 베이징 방언을 기반으로 하므로 매우 유사하지만, 어휘, 일부 발음, 경성 및 얼화(兒化) 현상 등에서 미묘한 차이가 있습니다. 타이완에서는 번체자를 사용하고, 중국 본토에서는 간체자를 사용한다는 표기상의 차이도 있습니다.

普通话(Pǔtōnghuà, 보통화)는 '보편적인 말', '보통말'이라는 뜻입니다. 중국 본토(중화인민공화국)에서 사용하는 표준 중국어를 지칭합니다. 1950년대에 베이징 발음을 기준으로, 북방 방언을 기초로 하여 만들어졌으며, '전국적으로 통용되는 표준어'라는 의미를 강조합니다.
중국에서는 모든 공식적인 상황(교육, 미디어, 공공기관 등)에서 '보통화'를 사용하며, 중국의 여러 방언을 사용하는 사람들이 서로 소통하기 위한 공통어로 기능합니다.

MEMO

第十一课 他住哪里?

어디에 사십니까?

학습 목표

第十一课 你好!

- 특정 사람이나 장소의 존재 여부를 묻고 답하는 회화를 익힐 수 있다.
- 주소나 전화번호 등 구체적인 정보를 묻고 답할 수 있다.

새단어

1. 问 (动) wèn	묻다
2. 职员 (名) zhíyuán	직원
3. 办公室 (名) bàngōngshì	사무실
办公 (动) bàngōng	사무보다
4. 找 (动) zhǎo	찾다
5. 在 (动) zài	~에 있다
6. 家 (名、量) jiā	집, 집(양사)
7. 呢 (助) ne	조사(의문을 나타내는 어기)
8. 住 (动) zhù	~에 살다
9. 楼 (名) lóu	건물, 층
10. 门 (名) mén	문
11. 号 (名) hào	번호
12. 知道 (动) zhīdào	알다
13. 电话 (名) diànhuà	전화
电 (名) diàn	전기
话 (名) huà	말
14. 号码 (名) hàomǎ	번호
15. 零 (数) líng	0, 영
16. 金奉秀 (固有) jīnfèngxiù	진펑시우(인명)

본문

奉秀：请 问, 这 是 办公室 吗？
Qǐng wén, zhè shì bàgōngshì ma?

职员：是。你 找 谁？
Shì. Nǐ zhǎo shéi?

奉秀：王 老师 在 吗？
Wáng lǎoshī zài ma.

职员：他 不 在。他 在 家 呢。
Tā bú zài. Tā zài jiā ne.

奉秀：他 住 哪儿？
Tā zhù nǎr?

职员：他 住 十八 楼 七 门 十二 号。
Tā zhù shíbā lóu qī mén shíèr hào.

奉秀：您 知道 他 的 电话 号码 吗？
Nín zhīdào tā de diàhuà hàomǎ ma?

职员：知道, 62310894。
zhīdào,liù èr sān yāo líng bā jiǔ sì.

奉秀：谢谢 您。
Xièxie nín.

职员：不 客气。
Bú kèqi.

회화연습

1. 사람 찾기

A : 请 问, 王 老师 在 吗?
Qǐngwèn, Wáng lǎoshī zài ma?

B : 他 不 在。
Tā bú zài.

2. 주소 묻기

A : 他 住 哪儿?
Tā zhù nǎr?

B : 他 住 二 门 十 号。
Tā zhù èr mén shí hào.

3. 전화 묻기

A : 你 的 电话 号码 是 多少?
Nǐ de diànhuà hàomǎ shì duōshao?

B : 62310894。
Liù èr sān yāo líng bā jiǔ sì

주석

(一) 他在家呢。

"呢"는 일반 서술문의 문미에 위치하여 어떠한 사실을 확인하는 긍정의 어기를 표현한다. 또한, 의문문에 있어서는 상대방의 의사를 묻는 표현으로 "你呢?"라고 하여 "당신은 어떤데요?"의 반문에 자주 사용된다.

(二) 您

대명사 "你"에 대한 경어로 사용된다. 주의해야 할 것은 "你"의 뒤에는 복수화접미사인 "们"을 붙을 수 없다.

(三) 중국어 문장의 어순

중국어는 엄격한 의미에 있어서 형태의 변화가 없다. 어순이 바로 중국어 문법의 의미 전달 수단이다.

중국어 문장은 주어(主语)、술어(谓语)、빈어(宾语)、한정어(定语)、상황어(状语)、보어(补语) 등의 여섯 가지 성분으로 조합된다. 어순은 일반적으로 주어가 앞에 위치하고 술어가 뒤에 위치한다. 빈어는 술어와 함께 연결되는 성분이다.

예 주어(主语) + 술어(谓语)

你	好。
我	去银行。

(四) 동사 술어문

동사가 술어의 주요 성분이 되는 문장을 동사 술어문이라고 한다.
동사 술어문의 어순은 : 주어(S) +술어(동사V) +빈어(O)이다.

(1) 我 学习 汉语。 (2) 她 吃 米饭。 (3) 我 不去 图书馆。

(五) 번호 읽기

번호 속의 숫자는 기수(基数)로 읽는 방법을 사용한다. 몇 자리 숫자이건 모두 한 개 한 개 숫자를 읽는다.

예 전화번호、문패번호、여권번호、자동차번호 등.
번호 : 6 2 3 1 0 8 9 4
읽기 : liù èr sān yāo líng bā jiǔ sì
번호 : 18楼 4门 8号
읽기 : shíbā lóu sì mén bāhào

1. 번호 속의 "一"은 일반적으로 "yāo"라고 발음한다.
   예 "181号儿"는 "yāo bā yāo hàor"라고 읽는다.
2. 번호 속의 "二"는 "èr"이라고 읽고 "liǎng"라고 읽을 수 없다.
   예 "212号"는 "èr yāo èr hào"라고 읽는다.
3. 동일한 숫자도 구별하여 읽는다.
   예 "66004112号"는 "liù liù líng líng sì yāo yāo èr hào"라고 읽는다.
4. 번호를 묻는 방법은 "几号"나 "……号码儿是多少？"라고 할 수 있다.
   예 你 住 几 号?
   你 的 电话 号码 是 多少?

"0"은 중국어로는 "líng"이라 읽고 한자는 "零"라고 쓴다.

읽기연습

1. 음절과 성조 변별

dú shū　túshū　jiè shū　xiě shū

qiāo mén　jiào rén　bù kě　bǔ kè

kèqi　kěqì　búguò　bǔ guò

2. 얼화운(儿化韵)

yìdiǎnr　yíxiàr　chàdiǎnr　yǒudiǎnr

zhù nǎr　zhù zhèr　pángbiānr　hǎo diǎnr

3. 다음절 읽기

jì shēngcí　xiě hàzì　dú kèwén

tīng lùyīn　tīng yīn yuè　zuò liànxí

qù shāngdiàn　mǎi dōngxi　kàn diànyǐng

kàn diànshì　dǎ wǎngqiú　tī zúqiú

shān qīng shuǐ xiù　fēngjǐng měilì

bǎohù huánjìng　fāzhǎn jīngjì

liǎojiě zhōngguó　xuéxí hànyǔ

jiāqiáng tuánjié　zēngjìn yǒuyì

4. 성조결합

xiānsheng　gūniang　gānjing　qīngchu

shénme　shíhou　liángkuai　míngzi

nǐmen　wǒmen　zǎoshang　wǎnshang

zhège　dì　zhème　piàoliang

연습문제

(一) 밑줄 있는 단어를 보기에 있는 단어로 바꾸어 넣는 연습을 하시오.

你 找 谁 / 什么?

我 找 老师。

老师、人、同学、朋友、本子、书

他 在 哪儿?

他 在 学校。

家、教室、食堂、宿舍、办公室

(二) 물음에 답하기

1. 你是留学生吗?

______________________________。

2. 你学习什么?

______________________________。

3. 你住哪儿?

______________________________。

4. 你住多少号?

______________________________。

5. 你的电话号码儿是多少?

______________________________。

참고 : 비상용 전화번호

전화국 교환(查号台) : 114

방범전화(匪警电话) : 110

일기예보(天气预报) : 121

화재전화(火警电话) : 119

구급차(急救电话) : 120

중국의 국가(國歌)

중국의 국가인 의용군진행곡(義勇軍進行曲)은 1935년 만들어졌다. 중국 인민이 일치단결하여 외세 침략에 저항하는 혁명의식을 반영하며, 중국 인민의 애국주의 정신을 격공시키는데 목적이 있다. 1930년대 일본의 침략하에 있던 중화민족으로 하여금 단결과 항일정신을 고무시키고자 만들어진 영화 <風雲兒女> 주제곡으로 사용된 바 있으며, 1949.9.27 中國人民政治協商會議에서 중화인민공화국 국가로 결의하였고, 1982.12.4 全國人民代表大會를 통해 중화인민공화국 정식국가로 결정되었다. 田漢이 가사를 聂耳가 작곡을 하였다.

(중국 국가)
起來! 不願做奴隷的人們!
把我們的血肉,築成我們新的長城.
中華民族到了最危險的時候, 每個人們迫着發出最後的吼聲.
起來! 起來! 起來! 我們萬衆一心, 冒着敵人的炮火前進!
冒着敵人的炮火前進! 前進! 前進! 前進!

(일어나라! 노예 되기 원치 않는 사람들이여!
우리의 피와 살로 새로운 장성을 쌓아가자.
중화민족 앞에 위기는 닥쳐, 사람마다 외치는 최후의 함성.
모두 일어나라! 철석같이 뭉쳐, 적의 포화를 뚫고 전진!
적의 포화를 뚫고 전진! 전진! 전진! 전진!)

MEMO

第十二课 您身体好吗?

건강하십니까?

학습 목표

第十二课 您身体好吗?

- 오랜만에 만난 사람과 안부를 묻고 답하는 회화를 익힐 수 있다.
- 물건을 살 때 수량을 묻고 답하는 표현을 익힐 수 있다.
- '一'의 변조 규칙을 이해하고 주술구 술어문을 이해하고 문장을 만들 수 있다.

새단어

1. 好久 (名) hǎojiǔ	오랫 동안
2. 身体 (名) shēntǐ	몸, 신체
3. 他们 (代) tāmen	그들
4. 都 (副) dōu	모두, 이미
5. 东西 (名) dōngxi	물건, 것
6. 铅笔 (名) qiānbǐ	연필
7. 售货员 (名) shòuhuòyuán	점원
8. 支(枝) (量) zhī	가지(수량사)
9. 再 (副) zài	다시, 또
10. 来 (动) lái	오다
11. 本子 (名) běnzi	공책, 노트
12. 信封 (名) xìnfēng	편지봉투
13. 牛奶 (名) niúǎi	우유
14. 面包 (名) miànbāo	빵
15. 纸 (名) zhǐ	종이
16. 蛋糕 (名) dāngāo	케익, 카스테라
17. 胶卷 (名) jiāojuàn	필림
18. 可乐 (名) kělè	콜라
19. 香蕉 (名) xiāngjiāo	바나나
20. 晚报 (名) wǎnbào	석간신문
21. 电池 (名) diànchí	건전지
22. 啤酒 (名) píjiǔ	맥주

본문

(一) 건강하십니까?

镇国：老师，您 好！
Lǎoshī, nín hǎo!

老师：你 好！好久 不 见 了。
Nǐ hǎo! Hǎojiǔ bú jiàn le.

镇国：您 身体 好 吗？
Nín shēntǐ hǎo ma?

老师：很好。你 爸爸 妈妈 好 吗？
Hěn hǎo. Nǐ bàba māma hǎo ma?

镇国：他们 都 很 好。
Tāmen dōu hěn hǎo.

(二) 연필사기

售货员：你 买 什么 东西？
Nǐ mǎi shěnme dōngxi?

林珉：我 买 铅笔。
Wǒ mǎi qiānbǐ.

售货员：你 要 几 支？
Nǐ yào jǐ zhī?

林珉：要 两 支。
Yào liǎng zhī.

售货员：还 要 什么？
Hái yào shénme?

林珉：再 来 三 个 本子、十 个 信封。
Zài lái sān ge běnzi、shí ge xìnfēng.

회화연습

1. 물건사기

A : 你 买 什么？
Nǐ mǎi shěnme?

B : 我 买 一瓶啤酒。
Wǒ mǎi yìpíng píjiǔ.

一瓶牛奶	两支铅笔
一个面包	四节电池
一个馒头	三个胶卷
一个包子	一张纸
一块蛋糕	三个本子

2. 가격 묻기

A : 苹果 多少 钱 一斤？
Píngguǒ duōshao qián yì jīn?

B : 五块。
Wǔkuài

可乐	一瓶	五块三
香蕉	一斤	三块五
馒头	一斤	两块
晚报	一张	五毛
电池	一节	四块
胶卷	一个	二十三块

주석

(一) 好久不见了。

"오랜 만이다"는 뜻으로 잘 알고 있는 사람이나 친구를 오랜 만에 만났을 때에 사용하는 말이다. 따라서 처음 보는 사람에게는 사용할 수 없다.

(二) 주술구술어문(1)

주술구가 술어가 되는 문장을 가리킨다. 전체 문장의 주어는 술어 동사의 동작의 대상이며, 술어 중의 주어는 전체 문장의 주어의 일부분이다.

他身体好。
您身体好吗？

읽기연습

1. 음절과 성조 변별

fǎnwèn　fǎngwèn　shēntǐ　shēngqì
dànshì　dāngshí　jīnnián　jīngyàn
rémín　rénmíng　kāihuā　kāifā

2. "一"의 변조

yìzhī　yìpiān　yìnián　yìtuán
yìqǐ　yìwǎn　yígòng　yípiàn

3. 경성

bízi　sǎngzi　dùzi　kùzi
qúnzi　bèizi　lèi ma　lèi le
è ma　è le　xiǎo le　shǎo le

4. "제3성"변조

qǐng　qǐng hē　nǐ tīng　kěnéng　hěn téng
hǎo lěng　hǎodǒng　měihǎo　shǒubiǎo
hěn dà　kěpà　hěn màn　hǎohàn

5. 다음절 단어 읽기

Zhōngwén ruǎnjiàn　Hàn-Yīng cídiǎn
xuéshēng shítáng　xīnhuá shūdiàn
gǎigé kāifàng　fánróng fùqiáng
rénmín xìngfú　měihǎo lǐxiǎng

연습문제

(一) 그림보고 말하기

A : 这是什么?

B : 这是 ……………。

电脑、铅笔、椅子、本子、信封

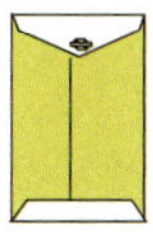				

(二) 한어병음을 달고 해석하시오.

售货员 : 你买什么?

병음 ______________________________ 。

해석 ______________________________ 。

林珉 : 我买本子。

병음 ______________________________ 。

해석 ______________________________ 。

售货员 : 你要几个?

병음 ______________________________ 。

해석 ______________________________ 。

林珉 : 要三个。

병음＿＿＿＿＿＿＿＿＿＿＿＿＿＿＿＿＿＿＿＿＿＿。

해석＿＿＿＿＿＿＿＿＿＿＿＿＿＿＿＿＿＿＿＿＿＿。

售货员 : 还要别的吗？

병음＿＿＿＿＿＿＿＿＿＿＿＿＿＿＿＿＿＿＿＿＿＿。

해석＿＿＿＿＿＿＿＿＿＿＿＿＿＿＿＿＿＿＿＿＿＿。

林珉 : 再来十个信封、两支铅笔。

병음＿＿＿＿＿＿＿＿＿＿＿＿＿＿＿＿＿＿＿＿＿＿。

해석＿＿＿＿＿＿＿＿＿＿＿＿＿＿＿＿＿＿＿＿＿＿。

(三) 물음에 답하기

1. 你叫什么名字?

＿＿＿＿＿＿＿＿＿＿＿＿＿＿＿＿＿＿＿＿＿＿＿＿。

2. 你是哪国人?

＿＿＿＿＿＿＿＿＿＿＿＿＿＿＿＿＿＿＿＿＿＿＿＿。

3. 你是学生吗?

＿＿＿＿＿＿＿＿＿＿＿＿＿＿＿＿＿＿＿＿＿＿＿＿。

4. 你在哪儿学习?

＿＿＿＿＿＿＿＿＿＿＿＿＿＿＿＿＿＿＿＿＿＿＿＿。

5. 你学习什么?

＿＿＿＿＿＿＿＿＿＿＿＿＿＿＿＿＿＿＿＿＿＿＿＿。

6. 汉语难吗?

＿＿＿＿＿＿＿＿＿＿＿＿＿＿＿＿＿＿＿＿＿＿＿＿。

7. 你的电话号码是多少?

______________ ______________。

(四) 회화 완성

A: ______________________?
B: 我买香焦。

A: ______________________?
B: 一斤四块五。

A: ______________________?
B: 我买三斤。

A: ______________________?
B: 橘子一斤五块。

A: ______________________?
B: 我买二斤橘子。

A: ______________________?
B: 一共二十二块。

강의실 중국어(4)

这个词是什么意思？
Zhè ge cí shì shénme yìsi?
이 단어는 무슨 뜻 입니까?

现在听写。
Xiàn zài tīng xiě。
이제 듣고 쓰세요.

请打开书，翻到第 ______ 页。
Qǐng dǎ kāi shū, fān dào dì______yè。
책을 펴고, 제 ______ 페이지 펴주세요.

读课文，要大声朗读。
Dú kèwén,yào dàshēng lǎng dú。
본문을 큰 소리로 읽으세요.

有问题请问我。
Yǒu wèntí qǐng wèn wǒ。
질문이 있으면 물어보세요.

现在布置作业。
Xiàn zài bùzhì zuòyè。
이제 숙제를 내겠습니다.

MEMO

第十三课 我们都是留学生

우리는 모두 유학생

학습 목표

第十三课 我们都是留学生

- 자신이나 타인의 신분을 소개하는 회화를 익힐 수 있다.
- 두 사람을 소개하는 표현과 정중한 호칭을 배울 수 있다.
- 부사 '也(~도)'와 '都(모두)'의 정확한 위치와 쓰임을 이해하고 문장에서 활용할 수 있다.

새단어

1. 留学生 (名) liúxuéshēng	유학생
2. 也 (副) yě	~도, ~또한
3. 对不起 duìbuqǐ	미안하다
4. 没关系 méiguānxi	괜찮다, 상관없다
5. 和 (连) hé	~와
6. 我们 (代) wǒmen	우리들
他们 (代) tāmen	그들
她们 (代) tāmen	그녀들
7. 俩 (数) liǎ	둘(사람 둘의 숫자)
8. 学生 (名) xuéshēng	학생
9. 秘书 (名) mìshū	비서
10. 给 (介) gěi	~에게, ~를 위하여
11. 介绍 (动) jièshào	소개하다
12. 先 (副) xiān	먼저, 우선
13. 一下儿 yíxiàr	잠시, 잠깐, 한차례
14. 位 (양) wèi	분(사람 수를 헤아림)
15. 教授 (名) jiàoshòu	교수
16. 校长 (名) xiàozhǎng	교장, 총장
17. 意大利 (固) Yìdàlì	이탈리아
18. 加拿大 (固) Jiānádà	캐나다
19. 泰国 (固) Tàiguó	태국
20. 金德华 (固) Jīndéhuá	진더화(이름)
21. 香兰 (固) Xiānglán	샹란(이름)
22. 马 (固) Mǎ	마(성씨)
23. 白 (固) Bái	바이(성씨)

보충단어

1. 大夫 (名) dàifu	의사
2. 护士 (名) hùshi	간호사
3. 经理 (名) jīnglǐ	사장
4. 律师 (名) lǜshī	변호사
5. 演员 (名) yǎnyuán	배우
6. 司机 (名) sījī	기사
7. 服务员 (名) fúwùyuán	복무원, 종업원
8. 记者 (名) jìzhě	기자
9. 警察 (名) jǐngchá	경찰
10. 工程师 (名) gōngchéngshī	기술자, 엔지니어

본문

1. 우리는 모두 유학생

A : 你 是 留学生 吗？
Nǐ shì liúxúeshēng ma?

B : 是。
Shì.

A : 她 也 是 留学生 吗？
Tā yě shì liúxuéshēng ma?

B : 她 也 是 留学生。我们 都 是 留学生。
Tā yě shì liúxuéshēng, Wǒ men dōu shì liúxuéshēng.

A : 田镇国 和 张平 也 都 是 留学生 吗？
Tiánzhènguó hé Zhāngpíng yě dōu shì liúxuéshēng ma?

B : 不。他们 俩 不 是 留学生。他们 都 是 中国 学生。
Bù. Tāmen liǎ bú shì liúxuéshēng. Tāmen dōu shì Zhōngguó xuésheng.

2. 나는 한국인입니다.

A : 他 是 韩国 人 吗？
Tā shì Hánguó rén ma?

B : 是。
Shì.

A : 你 也 是 韩国 人 吗？
Nǐ yě shì Hánguó rén ma?

B : 不 是。我 是 泰国 人。
Bú shì. Wǒ shì Tàiguó rén.

A：对 不 起。
Duì bu qǐ.

B：没 关系。
Méi guānxi.

3. 이 분은 白교수님 입니다.

秘书：我 先 介绍 一下儿，这 位 是 白 教授。
Wǒ xiān jièshào yíxiàr, Zhè wèi shì Bái jiàoshòu.

这 是 我们 马 校长。
Zhè shì Wǒmen Mǎ xiàozhǎng.

校长：欢迎 您，白 教授。
Huānyíng nín, Bái jiàoshòu.

教授：谢谢！
Xièxie!

회화연습

소개

A : 我 先 介绍 一下儿,
　　这 位 是 白 经理, 这 位 是 谢 律师。
B : 您好 ! 白经理。
C : 欢迎 ! 欢迎 !

A : 我 给 你 介绍 一下儿,
　　这 是 王 先生, 这 是 马 小姐。
B : 您 好 !
C : 您 好 !

독해연습

你们好 ! 我叫金德华。我是加拿大人, 我是留学生。
她叫林珉, 她不是加拿大人, 她是英国人。
她也是留学生。我们都是留学生。
他是张平, 她叫香兰, 张平和香兰不是留学生, 他们都是中国学生。
我们是好朋友。

주석

(一) 의문문(1) : ……吗？

서술문의 마지막에 의문어기조사 "吗"를 붙여서 의문을 나타낸다. 이러한 의문문은 다시 술어를 긍정과 부정을 병렬하여 만드는 정반형 의문문으로 변환시킬 수도 있다.

A : 你是中国人吗？
B : 是。(我是中国人。)
A : 你是老师吗？
B : 不是。我是学生。
A : 他们都是留学生吗？
B : 他们都是留学生。

(二) 상황어(状语)

술어인 동사나 형용사 앞에 놓여 술어를 수식하는 성분을 상황어(状语)라고 한다. 부사、형용사、개사구、시간사 등이 모두 상황어 역할을 할 수 있다.

(1) 爸爸妈妈都很好。
(2) 汉字很难。
(3) 语法不太难。

(三) 부사 "也"와 "都"

부사인 "也(~도)"와 "都(모두)"는 동사나 형용사의 앞에 놓여 문장에서 상황어 역할을 한다.

(1) (龙三是留学生) 奉秀也是留学生。
(田镇国不是留学生) 张平也不是留学生。

(2) (龙三是留学生，奉秀也是留学生) 龙三和奉秀都是留学生。

하지만 "都龙三和奉秀是留学生。"라고는 말할 수 없다.

(四) 我先介绍一下儿。

중간에서 처음으로 두 사람을 소개시킬 때 사용하는 표현이다. 그 중에 "一下(儿)"는 동작의 횟수를 표시하는 보어로서 부드러운 부탁을 포함하고 있다. "한번"、"좀" 등으로 해석할 수 있으며, 이 대신 동사를 중첩하여 나타낼 수도 있다.

我先介绍一下儿。➜ 我先介绍介绍。

발음

(一) 문장의 중음(重音)(1)

한 문장에는 말하고자 하는 사람이 비교적 중요하게 여기는 성분이 늘 있다. 그러한 경우 그 부분을 약간 강하게 읽어야 한다. 이렇게 강하게 읽어야 하는 부분을 문장에서의 중음(重音)이라고 한다. 아래에서는 굵은 서체에 밑줄로 중음을 표시하였다.

1. 간단한 주술구 문장은 술어 부분을 강하게 읽는다.

我 **吃**。
爸爸 **很忙**。

만약 주어가 대명사라면 대명사를 강하게 읽는다. 如果主语是代词，代词要重读。

谁 去？
哪儿 是 邮局？

2. 빈어가 있는 문장이라면 빈어를 강하게 읽는다.

我 学习 **汉语**。
他 买 **苹果**。

3. 한정어와 상황어가 있는 문장이라면 한정어와 상황어를 강하게 읽는다.

我是**中国**人。
他**也**是留学生。

수사 "一"과 양사로 이루어진 한정어는 강하게 읽지 않는다.

我吃一个**馒**头。

(二) 억양(1)

중국어는 두 종류의 억양이 있다. 올라가는 것과 내려가는 것이다. 어조가 올라가고 내려오는 것은 주로 강하게 읽어야 하는 중음(重音)의 뒤에 나타난다. 그 뒤의 강하게 읽지 않는 부분과 경성의 음절로 그것에 따라서 어조가 올라갈 수도 내려갈 수도 있다. 중국어의 음조는 강하게 읽어야 하는 음절을 유지하는 성조의 기초의에서 올라가고 내려갈 수 있다. 일반적으로 의문문은 올라가는 어조이고, 단순 서술문은 내려가는 어조를 취한다.

你是留学生吗？↑
我是留学生。↓

읽기연습

1. 음절과 성조 변별

tāmen	dàmén	jiàoshòu	jiāoshū
dàifu	tàidu	hùshi	hūshì
jīnglǐ	jīnglì	lǜshī	lǐ shì

2. 다음절 단어 읽기

fúwùyuán	shòupiàoyuán
shòuhuòyuán	lièchēyuán

3. 치환연습

1) A : 你不是留学生吗？
   B : 是。(我是留学生。)

老师	校长	教授
大夫	护士	律师

2) A : 她也是留学生吗？
   B : 她也是留学生。我们都是留学生。

老师	学生
教授	经理

3) A : 她是老师吗？
   B : 不是。(他不是老师)

教授	校长	经理
记者	工程师	

4) A : 你也是<u>中国人</u>吗？

B : 不是。(我不是<u>中国人</u>)

美国	法国	韩国
德国	日本	意大利

연습문제

(一) 보기와 같이 물음에 답하기

A : 你是中国人吗？

B : 我是(不是)中国人。

1. 你是美国人吗？

______________________________。

2. 你是老师吗？

______________________________。

3. 田镇国是留学生吗？

______________________________。

4. 你学习英语吗？

______________________________。

5. 你们的老师是王老师吗？

______________________________。

(二) 보기와 같이 회화 완성

A : 你是老师吗？
B : 是。
A : 他也是老师吗？
B : 他也是老师。

1. A : 他是教授吗？
   B : ______________。
   A : ______________________？
   B : 她也是教授。

2. A : 龙三是留学生吗？
   B : ______________。
   A : ______________________？
   B : 林珉也是留学生。

3. A : 田镇国是中国学生吗？
   B : ______________。
   A : ______________________？
   B : 张平也是中国学生。

4. A : 你爸爸是大夫吗？
   B : ______________。

A : ______________________________?

B : 我妈妈也是大夫。

5. A : 她们是老师吗？

B : __________________。

A : ______________________________?

B : 我们也老师。

(三) "都"를 사용하여 문장을 고치시오

他是留学生，我也是留学生。 → 我们都是留学生。

1. 龙三是留学生，林珉也是留学生。

→ ____________________________________。

2. 张平是中国人，田镇国也是中国人。

→ ____________________________________。

3. 你是老师，他也是老师。

→ ____________________________________。

4. 爸爸是大夫，妈妈也是大夫。

→ ____________________________________。

5. 他是教授，她也是教授。

→ ____________________________________。

(四) 보기와 같이 주어진 단어를 활용하여 문장을 만드시오

> 留学生 他们 是 都
> → 他们都是留学生。

1. 是 我 不 意大利 人

   → ______________________。

2. 吗 老师 是 你 也

   → ______________________。

3. 是 校长 他 吗

   → ______________________。

4. 也 学生 她 是 中国

   → ______________________。

5. 都 不 我们 留学生 是

   → ______________________。

시성(詩聖) 두보(杜甫)

두보는 字는 子美, 號는 小陵이다. 7살 때 이미 詩를 지을 줄 알았고, 14-5살 때에는 어엿한 詩人이 되었다. 24살 때 進士 시험을 보았으나 낙방, 이 때부터 10여년 동안 山東、洛陽、長安 등지로 돌아다니며 李白、高適등과 깊이 사귀었다. 두보의 시는 전란 속에 백성들의 애달픔을 반영한 우국애민을 노래이다. 당시의 역사 사건을 노래하여 '시사(詩史)'라고 불리었으며, 심지어는 시성(詩聖)으로 추앙되었다. 이백(李白)과 함께 이두(李杜)라고 불리면서 당대 시가예술을 최고봉에 올려놓는 공로가 있다. 아래는 그의 시 [망악(望岳),멧 부리 바라보며]이다.

망악(望岳)

岱宗夫如何, 齊魯青未了. 造化鐘神秀, 陰陽割昏曉.
湯胸生層云, 決眥入歸鳥. 會當凌絶頂, 一覽衆山小.

태산은 어떠하더뇨? 제나라와 노나라에 푸르름이 이어지도다.
하늘 땅 신령함이 여기에 다 모이고, 양지 음지 밝고 어둠 갈랐구나.
가슴을 열니 층계 구름 피어나고, 눈을 부릅뜨니 가는 새들 돌아온다.
정상에 오르니 뭇 산들의 자그마함을 알 수 있도다.

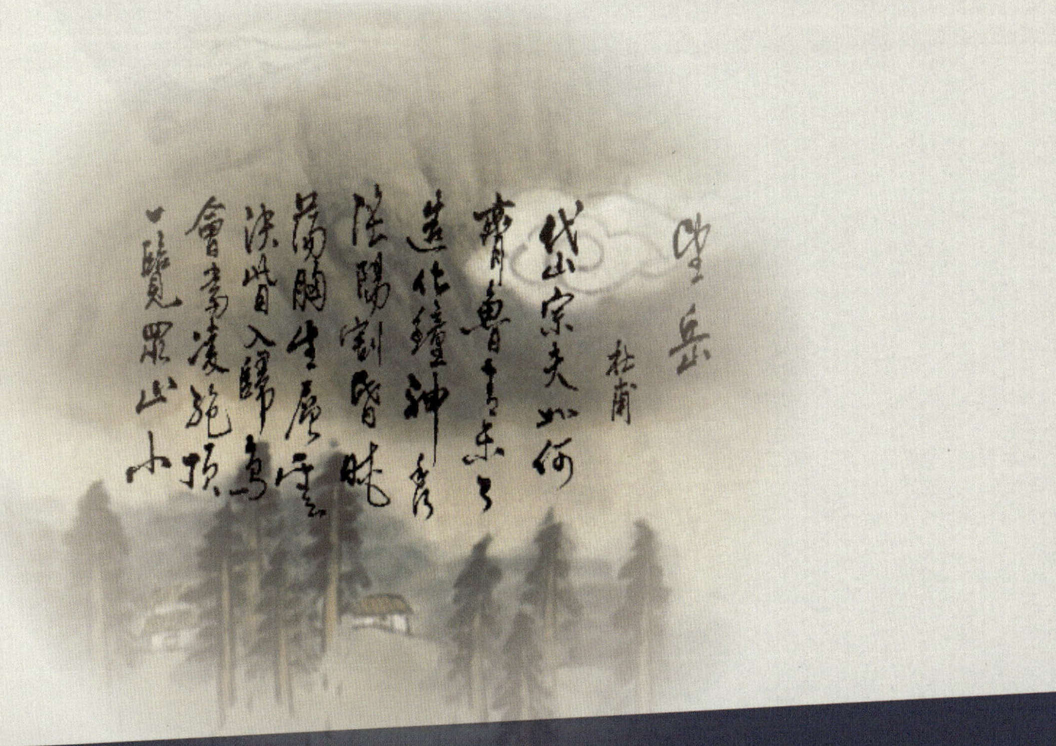

第十四课 你在哪儿学习

어디에서 배웠니?

학습 목표

第十四课 你在哪儿学习

- 자신이 어디에서 무엇을 공부하는지 묻고 답하는 회화를 익힐 수 있다.
- 새로운 친구나 선생님을 소개하는 표현을 배울 수 있다.
- 소유 관계를 나타내는 조사 的와 장소를 나타내는 개사 在의 용법을 이해할 수 있다.

새단어

1. 南京 (고) Nánjīng	난징(지명)
2. 师范 (名) shīfàn	사범대학
3. 大学 (名) dàxué	대학
4. 觉得 (动) juéde	생각하다, 느끼다
5. 语法 (名) yǔfǎ	어법, 문법
6. 新 (形) xīn	새, 새로운
7. 同学 (名) tóngxué	학우
8. 同屋 (名) tóngwū	룸메이트
9. 在 (介) zài	~에서
10. 班 (名) bān	반
11. 听 (动) tīng	듣다
12. 说 (动) shuō	말하다
13. 比较 (副) bǐjiào	비교적
14. 容易 (形) róngyì	쉽다
15. 读 (动) dú	읽다
16. 写 (动) xiě	쓰다
17. 南京师范大学 (고) Nánjīngshīfàndàxué	난징사범대학
18. 林 (고) Lín	린(성씨)

보충단어

1. 文学 (名) wénxué	문학
2. 历史 (名) lìshǐ	역사
3. 法律 (名) fǎlǜ	법률
4. 经济 (名) jīngjì	경제
5. 外语 (名) wàiyǔ	외국어
6. 认识 (动) rènshi	알다
7. 旧 (形) jiù	오래된, 낡은, 헌
8. 老 (形) lǎo	늙은, 오래된

본문

(一) 课文 Kèwén

1. 어디에서 공부하였습니까?

A : 你 学 习 什么?
Nǐ xuéxí shénme?

B : 我 学习 汉语?
Wǒ xuéxí Hànyǔ.

A : 你 在 哪儿 学习?
Nǐ zài nǎr xuéxí

B : 我 在 南京 师范 大学 学习。
Wǒ zài Nánjīng shīfàn dàxué xuéxí.

A : 你 觉得 汉语 难 吗?
Nǐ juéde Hànyǔ nán ma?

B : 我 觉得 听、说 比较 容易, 读、写 很 难。
Wǒ juéde tīng、shuō bǐjiào róngyì, dú、xiě hěn nán.

(二) 선생님은 어느 분

A : 我 给 你 介绍 一下儿, 这 是 我 的 同屋。他 是 新 同学。
Wǒ gěi nǐ jièshào yíxiàr, zhè shì wǒ de tóngwū. Tā shì xīn tóngxué.

B : 你 在 哪 个 班 学习?
Nǐ zài nǎ ge bān xuéxi?

C : 我 在 1 2 0 3 班 学习。
Wǒ zài yāo èr líng sān bān xuéxí.

B：你们 的 老师 是 谁？
Nǐmen de lǎoshī shì shéi?

C：我们 的 老师 是 林 老师。
Wǒmen de lǎoshī shì Lín lǎoshī.

회화연습

1. 가벼운 인사

A：你去哪儿？
B：我去邮局。你呢？
A：我回学校。你住哪儿？
B：我住十八楼。
A：你的电话是多少？
B：对不起，我不知道。

독해연습

我叫龙三，是韩国留学生。她叫林珉，也是留学生。 她是我的同班同学。我们都在南京师范大学学习汉语。我们的老师是王老师。她是很好的老师。她叫香兰，他叫张平，香兰和张平不是留学生，他们是中国学生，他们都学习英语。我们都是南京师范大学的学生。认识他们我很高兴。我们是同学，也是好朋友。

주석

(一) 의문문(2) : 의문대명사

의문대명사 "谁"、"什么"、"哪"、"哪儿"(哪里) 、"怎么"、"怎么样"、"几"、"多少" 등을 사용하여 어떤 구체적인 사물과 수량에 대하여 물을 수 있다. 이 경우 묻는 대상은 주어、빈어、상황어 등 모두 가능하며, 그에 대한 대답은 의문대명사 위치에 원하는 답을 채우면 된다. 의문조사 "吗"나 정반형 의문문과 중복하여 사용할 수 없다.

你是哪国人?	我是韩国人。
你住哪儿?	我住十楼。
她是谁?	她是林珉。
谁是你们的老师?	王老师是我们的老师。
你学习什么?	我学习汉语。

(二) 한정어와 결구조사 "的"

명사나 명사적인 성질을 가진 구의 수식어를 한정어(定语)라고 한다. 한정어의 역할은 수식과 한정에 있다. 한정어는 중심어인 명사 앞에 위치한다.

他们的老师	我的朋友
林珉的同学	新同学

(1) A : 谁的你的老师?

B : 我的老师是王老师。

(2) 她是林珉的同学。

(3) 这是图书馆的书。

결구조사 "的"는 한정어의 뒤에 놓여 한정어와 중심어의 관계를 나타낸다.

1. 명사나 대명사가 한정어가 될 경우에는 소유나 소속 관계는 한정하거나 수식할 적에 "的"를 넣는다.

我的书　　他的词典　　老师的本子
图书馆的书　　我们的老师

2. 형용사구가 한어어가 될 경우에는 한정어어 중심어 사이에 "的"를 넣는다.

很好的同学　　很旧的词典

3. 한정어와 중심어 사이에 결구조사 "的"가 필요하지 않을 때도 있다.

男同学　　女同学　　中文书　　世界地图

(三) 개사(介词) "在"와 "给"

개사 "在"는 장소를 나타내는 처소사 앞에 붙고 술어인 동사 앞에 놓아 동작이나 행위 발생의 장소를 나타낸다.

(1) 我在南京师范大学学习。
(2) 他在十楼住。

개사 "给"는 행위에 대한 대상과 수혜를 나타낸다..

(1) 我给你介绍一下儿，这是我的同屋。
(2) 她给妈妈打电话。

개사는 명사나 대명사 앞에 붙어서 동작이나 행위의 공간、시간、대상、방식、목적、원인 등의 관계를 나타낸다.

공간 : 在、于、从、自、往、朝、向、到、离
시간 : 从、自从、到、在、当、于
대상 : 对、对于、关于、同、跟、和、给 등이 있다.

발음

(一) 문장의 중음(重音)(2)

1. 한정어는 일반적으로 강하게 읽고 결구조사 "的"는 가볍게 읽는다.

王老师是**我**们的老师。
那是**我**的英语书。

개사구가 상황어로 되고, 동사 뒤에 빈어가 있을 경우에는 개사의 빈어와 동사의 빈어는 모두 강하게 읽고 개사는 가볍게 읽는다.

我在**南京师范大学**学习**汉语**。
我给**你**们介绍一个**朋**友。

(二) 억양(2)

일반적은 의문문은 어조가 비교적 올라가지만 의문대명사를 사용하는 의문문은 문장의 끝을 내린다.

你 学习 **什么**？↓
我 学习 **汉语**。↓

읽기연습

1. 음절과 성조 변별

bǐjiào　píxié　tóngxué　dōngxi
juéde　quēdiǎn　yǔyán　yùyán
bàngōnglóu　jiàoxuélóu　gōngyùlóu　sùshèlóu

2. 읽기 연습

什么名字　什么老师　吃什么　喝什么
谁的书　我的书　学生的书　老师的书
谁的老师　他的老师　我的老师　林珉的老师
谁的词典　我的词典　龙三的词典　同学的词典
谁的中文报　我的报　老师的报　奉秀的报
学习什么　学习语言　学习汉语　学习英语
在学校　在南京　在师范大学　在南京大学

男同学　女同学　男朋友　女朋友　男老师
女老师　中文书　中文报　韩文书　韩文报
汉语词典　韩语词典　中国地图　世界地图
新同学　老同学　新词典　旧词典
很多人　很多同学　很多老师　很多书
我妈妈　他哥哥　你弟弟　我们学校

3. 치환 연습

1) A : 你 学习 什么?

B : 我 学习 汉语。

韩语	英语	文学
法律	历史	经济

2) A : 你们 的 老师 是 谁?

B : 我们 的 老师 是 王 老师。

她	金德华	龙三
香兰	张平	

3) A : 谁 是 你 的 老师?

B : 王 老师 是 我们 老师。

他	她	他们
林珉	龙三	

4) A : 你 在 哪儿 学习?

B : 我 也 在 南京师范大学 学习。

你们	他	他们
林珉	龙三	

연습문제

(一) 보기의 단어를 활용하여 빈칸을 채우시오.

比较 班 谁 听 觉得 介绍 新 大学 说

1. 我们 在 这个______学习 汉语。
2. 我 ______汉语 的 发音 ______ 难。
3. 我 ______，你们 ______ 。
4. 你 是 哪 个 ______ 的 学生？
5. 你______是 你们 的 老师？
6. 你______汉语 的 语法 难 吗？
7. 我 给 你______一下儿，这 是 我 的______同学。

(二) 적당한 위치에 "的"를 넣으시오

1. 这 是 谁 汉语 书？
2. 这 是 我 妈妈 书。
3. 你 是 哪个 大学 学生？
4. 她 是 一个 很 好人。
5. 林珉 老师 是 王 老师。
6. 这 是 我 爸爸 汉语 词典。

(三) 아래 문장 속에 밑줄 있는 부분을 의문대명사로 바꾸어 의문문을 만드시오

我 叫 <u>林珉</u>。 你 叫 <u>什么名字</u>？

1. 王老师 是 我 的 老师。

→ ______________________。

2. 他 的 老师 是 林老师。

→ ______________________。

3. 我 是 加拿大 人。

→ ______________________。

4. 我们 学习 汉语。

→ ______________________。

5. 我 在 南京大学 学习。

→ ______________________。

6. 我 住 十楼。

→ ______________________。

(四) 보기와 같이 주어진 단어를 활용하여 문장을 만드시오

老师　我们　是　王老师　的 → 我们的老师是王老师。 → 王老师是我们的老师。

1. 都　汉语　留学生　学习　是

→ ______________________。

→ ______________________。

2. 你　美国　吗　是　人

→ ______________________。

→ ______________________。

3. 什么　他　名字　叫

→ ______________________________。

→ ______________________________。

4. 是　国　金德华　哪　留学生

→ ______________________________。

→ ______________________________。

5. 你　住　也　十　楼　吗

→ ______________________________。

→ ______________________________。

6. 是　你们　谁　老师　的

→ ______________________________。

→ ______________________________。

(五) 회화 완성

A : ______________________________?

B : 我叫张平。

A : ______________________________?

B : 我是中国学生。

A : ______________________________?

B : 我学习英语。

A : ______________________________?

B : 她是田镇国。

A : ______________________________?

B : 她住五楼。

A : ______________________________?

B : 白老师是我们的老师。

중국 노래 부르기

甛蜜蜜

가수：鄧麗君

甛蜜蜜，你笑得甛蜜蜜，
好像花兒開在春風裡。
開在春風裡，
在那裡，在那裡見過你。
你的笑容這樣熟悉，
#我一時想不起，
啊….在夢裡。
夢裡夢裡見過你，
甛蜜笑得多甛蜜，
是你是你，夢見的就是你。

달콤해요. 당신의 미소는 달콤해요
마치 봄바람 속에서 꽃이 피는 것 같아요
봄바람 속에 있어요
거기에서 당신을 봐요
당신의 미소는 그렇게 익숙해요.
나는 잠시 아무생각도 하지 못해요
아….꿈속에 있어요.
꿈속에서 당신을 봐요.
달콤해요. 미소는 너무나 달콤해요
당신이에요. 꿈속에서 본 것은 바로 당신이에요

MEMO

어휘 색인

단어	발음	뜻	과
		A	
阿拉伯文	Ālābówén	아랍어	5
		B	
八	bā	여덟, 팔	1
吧	ba	어기조사(의문, 명령, 권유)	6
爸爸	bàba	아빠	2
白	Bái	바이(성씨)	13
百	bǎi	백	10
白	bái	희다	1
班	bān	반	14
办公	bàngōng	사무보다	11
办公楼	bànggōnglóu	사무실 건물	4
包子	bāozi	찐빵	8
本子	běnzi	공책, 노트	12
别的	biéde	다른	9
比较	bǐjiào	비교적	14
不	bù	아니다	1
不客气	búkèqi	사양하지 마세요	10
		C	
茶	chá	차	6
吃	chī	먹다	8
词典	cídiǎn	사전	5
		D	
大	dà	크다	1
大夫	dàifu	의사	13
蛋糕	dàngāo	케익, 카스테라	12
大学	dàxué	대학	14

的	de	구조조사(~의, ~하는)	3
德国	Déguó	독일	7
等	děng	기다리다	10
德文	Déwén	독일어	5
电	diàn	전기	11
电池	diànchí	건전지	12
电话	diànhuà	전화	11
点儿	diǎnr	약간, 조금	6
弟弟	dìdi	남동생, 아우	2
东西	dōngxi	물건, 것	12
都	dōu	모두, 이미	12
读	dú	읽다	14
对	duì	맞다	10
对不起	duìbuqǐ	미안하다	13
多	duō	많다	9
多少	duōshao	얼마, 몇	9
		E	
二	èr	둘, 이	4
		F	
俄文	Éwén	러시아어	5
法国	Fǎguó	프랑스	7
法郎	fǎláng	프랑(프랑스 화폐단위)	10
法律	fǎlǜ	법률	14
饭	fàn	밥, 식사	8
法文	Fǎwén	프랑스어	5
发音	fāyīn	발음	7
分	fēn	펀(화폐 단위 毛의 10분의 1)	9
服务员	fúwùyuán	복무원, 종업원	13

G			
港币	gǎnbì	홍콩달러	10
个	gè	개(수량)	8
哥哥	gēge	형, 오빠	2
给	gěi	~에게, ~를 위하여	13
给	gěi	주다	9
工程师	gōngchéngshī	기술자, 엔지니어	13
公园	gōngyuán	공원	4
贵	guì	비싸다	9
贵姓	guìxìng	성은 무엇입니까	7
国	guó	나라	7
H			
还	hái	아직, 또	9
韩国	Hánguó	한국	7
韩文	Hánwén	한국어	5
汉语	Hànyǔ	중국어	2
韩元	hányuán	원(한국 화폐단위)	10
汉字	Hànzì	한자	7
号	hào	번호	11
好	hǎo	좋다	1
好久	hǎojiǔ	오랫 동안	12
号码	hàomǎ	번호	11
喝	hē	마시다	6
和	hé	~와	13
很	hěn	매우	1
话	huà	말	11
换	huàn	바꾸다	10
欢迎	huānyíng	환영합니다	6

回	huí	돌아가다	4
护士	hùshi	간호사	13
		J	
几	jǐ	몇	4
家	jiā	집, 집(양사)	11
见	jiàn	보다	3
加拿大	Jiānádà	캐나다	13
毛、角	máo、jiǎo	마오(화폐 단위 元의 10분의 1)	9
叫	jiào	~라고 부르다	7
胶卷	jiāojuǎn	필림	12
教授	jiàoshòu	교수	13
饺子	jiǎozi	만두	8
鸡蛋	jīdàn	계란	8
介绍	jièshào	소개하다	13
斤	jīn	근(수량)	9
金德华	Jīndéhuá	진더화(이름)	13
金奉秀	jīnfèngxiù	진펑시우(인명)	11
警察	jǐngchá	경찰	13
经理	jīnglǐ	사장	13
今天	jīntiān	오늘	4
九	jiǔ	구, 아홉	3
旧	jiù	오래된, 낡은, 헌	14
记者	jìzhě	기자	13
觉得	juéde	생각하다, 느끼다	14
橘子	júzi	귤	9
		K	
咖啡	kāfēi	커피	6
可乐	kělè	콜라	12

客气	kèqi	겸손, 겸손하다	10
口	kǒu	입	1
块、元	kuài、yuán	원(화폐 단위)	9
		L	
来	lái	오다	12
老	lǎo	늙은, 오래된	14
老师	lǎoshī	선생님	5
了	le	조사(과거나 완료를 나타냄)	10
俩	liǎ	둘(사람 둘의 숫자)	13
两	liǎng	둘, 이	9
林	Lín	린(성씨)	14
零	líng	0, 영	11
林珉	Línmín	린민(인명)	6
历史	lìshǐ	역사	14
六	liù	육, 여섯	3
留学生	liúxuéshēng	유학생	7
龙三	lóngsān	룽산(인명)	5
楼	lóu	건물, 층	11
律师	lǜshī	변호사	13
		M	
吗	ma	의문조사	1
马	Mǎ	마(성씨)	13
马	mǎ	말	1
买	mǎi	사다	9
马克	mǎkè	마르크(독일 화폐단위)	10
妈妈	māma	엄마	2
忙	máng	바쁘다	2
馒头	mántou	만두	8

没关系	méiguānxi	괜찮다, 상관없다	13
美国	Měiguó	미국	7
妹妹	mèimei	여동생	2
美元	měiyuán	달러(미국화폐단위)	10
门	mén	문	11
米	mǐ	쌀	8
面包	miànbāo	빵	12
面条儿	miàntiáor	국수	8
米饭	mǐfàn	쌀밥	8
明天	míngtiān	내일	3
名字	míngzi	이름	7
秘书	mìshū	비서	13

N

那	nà	저, 저것	5
哪	nǎ	어디	7
男	nán	남자	2
难	nán	어렵다	2
南京	Nánjīng	난징(지명)	14
南京师范大学	Nánjīngshīfàndàxué	난징사범대학	14
那儿	nàr	그곳	4
哪儿	nǎr	어느곳	4
那些	nàxiē	저것들	8
呢	ne	의문조사	1
你	nǐ	당신, 너	1
你们	Nǐmen	당신들, 너희들	5
您	nín	당신	5
牛奶	niú nǎi	우유	12
女	nǚ	여자	1

什么	shénme	무엇	5
身体	shēntǐ	몸, 신체	12
是	shì	~이다.	5
十	shí	열, 십	5
办公室	bàn gōng shì	사무실	11
谁	shéi	누구	5
师范	shīfàn	사범대학	14
食堂	shítáng	식당	8
售货员	shòuhuòyuán	점원	12
书	shū	책	5
数	shǔ	세다, 숫자	10
说	shuō	말하다	14
四	sì	넷, 사	4
司机	sījī	기사	13
		T	
他	tā	그, 그이	2
她	tā	그녀	2
太	tài	매우	2
泰国	Tàiguó	태국	13
他们	tāmen	그들	12
她们	tāmen	그녀들	13
汤	tāng	국	8
天安门	Tiān'ānmén	천안문(광장이름)	4
天	tiān	일, 하늘	4
田镇国	Tiánzhènguó	티엔쩐궈	7
听	tīng	듣다	14
同屋	tóngwū	룸메이트	14
同学	tóngxué	학우	14

信封	xìnfēng	편지봉투	12
姓	xìng	~성씨이다, 성씨	7
星期二	xīngqī'èr	화요일	4
星期	xīngqī	요일	4
星期六	xīngqīliù	토요일	4
星期三	xīngqīsān	수요일	4
星期四	xīngqīsì	목요일	4
星期天	xīngqītiān	일요일	4
星期五	xīngqīwǔ	금요일	4
星期一	xīngqīyī	월요일	4
学	xué	배우다	7
学生	xuéshēng	학생	13
学习	xuéxí	학습하다, 학습	7
学校	xuéxiào	학교	4

Y

演员	yǎnyuán	배우	13
要	yào	~하려고 한다	8
也	yě	~도, ~또한	13
一	yī	하나, 일	1
意大利	Yìdàlì	이탈리아	13
一共	yígòng	모두	9
一会儿	yíhuìr	잠시, 잠깐	10
进	yìn	들어가다	3
英镑	yīngbàng	파운드(영국 화폐단위)	10
英国	Yīngguó	영국	7
英文	Yīngwén	영어	5
营业员	yíngyèyuán	점원, 종업원	10
银行	yínháng	은행	3

간체 쓰기 연습

절취선을 따라 자르세요

五						
wǔ	다섯	五 : 다섯 오		五个 : 다섯 개		
八						
bā	여덟, 팔	八 : 여덟 팔		八个人 : 여덟 사람		
大						
dà	크다	大 : 큰 대		大學 : 대학		
不						
bù	아니다	不 : 아니 불		不是 : 아니다		
口						
kǒu	입	口 : 입 구		入口 : 입구		
白						
bái	희다	白 : 흰 백		白色 : 흰색		
女						
nǚ	여자	女 : 여자 여		女儿 : 여자 아이		
马						
mǎ	말	馬 : 말 마		馬上 : 곧, 금방		
你						
nǐ	당신, 너	你 : 너 니		你們 : 너희들		

한자	병음	뜻	훈음	단어
好	hǎo	좋다	好 : 좋을 호	好看 : 보기 좋다
吗	ma	의문조사	嗎 : 꾸짖을 마	你好嗎? 안녕하십니까?
我	wǒ	나	我 : 나 아	我們 : 우리들
很	hěn	매우	很 : 패려궂을 흔	很好 : 매우 좋다
呢	ne	의문조사	呢 : 소곤거릴 니	你呢? : 당신은?
忙	máng	바쁘다	忙 : 바쁠 망	太忙 : 매우 바쁘다
汉	Hàn	한	漢 : 한수 한	漢語 : 중국어
语	yǔ	말씀	語 : 말씀 어	語言 : 언어
难	nán	어렵다	難 : 어려울 난	難吃 : 맛없다

太						
tài	매우	太 : 클 태		太貴 : 매우 비싸다		
爸						
bà	아빠	爸 : 아비 파		爸爸 : 아빠		
妈						
mā	엄마	媽 : 어미 마		媽媽 : 엄마		
哥						
gē	형, 오빠	哥 : 노래 가		哥哥 : 형 오빠		
弟						
dì	남동생, 아우	弟 : 아우 제		弟弟 : 남동생		
妹						
mèi	여동생	妹 : 누이 매		妹妹 : 여동생		
他						
tā	그, 그이	他 : 다를 타		他們 : 그들		
她						
tā	그녀	她 : 아가씨 저		她們 : 그녀들		
男						
nán	남자	男 : 사내 남		男人 : 남자		

请						
qǐng	요청하다	請 : 청할 청		請問 : 실례합니다		
进						
jìn	들어가다	進 : 나아갈 진		進步 : 나아가다, 진보		
的						
de	구조조사	的 : 과녁 적		我的 : 나의		
信						
xìn	편지	信 : 믿을 신		信纸 : 편지지		
谢						
xiè	감사합니다	謝 : 사례하 사		謝謝 : 감사합니다		
去						
qù	가다	去 : 갈 거		去年 : 작년		
银						
yín	화폐	銀 : 은 은		銀行 : 은행		
行						
háng	가다	行 : 갈 행		進步 : 진보하다		
邮						
yóu	우송하다	郵 : 역참 우		郵局 : 우체국		

局						
jú	부분	局 : 판 국		局促 : 좁다, 협소하다		
明						
míng	밝다	明 : 밝을 명		明天 : 내일		
天						
tiān	날	天 : 하늘 천		后天 : 모레		
见						
jiàn	보다	見 : 볼 견		再见 : 안녕		
九						
jiǔ	구, 아홉	九 : 아홉 구		九十 : 구십		
今						
jīn	오늘	今 : 이제 금		今天 : 오늘		
昨						
zuó	어제	昨 : 어제 작		昨天 : 어제		
星						
xīng	별	星 : 별성		星期 : 요일		
期						
qī	만나다	期 : 기약할 기		星期天 : 일요일		

한자	병음	뜻	번체/훈음	예
几	jǐ	몇	幾 : 몇 기	现在几点? : 지금 몇시입니까?
哪	nǎ	어느 곳	哪 : 어디 나	哪儿 : 어느 곳
那	nà	그곳	那 : 그곳 나	那儿 : 그 곳
儿	ér	아이	兒 : 아이 아	男儿 : 남자 아이
回	huí	돌아가다	回 : 돌아갈 회	回家 : 집에 가다
学	xué	배우다	學 : 배울 학	學校 : 학교
校	xiào	학교	校 : 학교 교	校车 : 스쿨 버스
再	zài	안녕	再 : 다시 재	再见 : 안녕
办	bàn	힘쓰다	辦 : 힘쓸 판	办公楼 : 사무실 건물

楼						
lóu	층, 건물	樓 : 다락 루		百货大楼 : 백화점		
这						
zhè	이, 이것	這 : 이 저		这里 : 이 곳, 여기		
是						
shì.	~이다	是 : 옳을 시		不是 : 아니다		
老						
lǎo	늙은이	로 : 늙을 로		老大 : 맏이		
师						
shī	스승	師 : 스승 사		師傅 : 사부		
您						
nín	당신	您 : 你의 존칭				
谁						
shéi	누구	誰 : 누구 수		谁的 : 누구의		
韩						
Hán	한	韓 : 나라이름 한		韩国 : 한국		
英						
Yīng	꽃	英 : 꽃부리 영		英文 : 영어		

한자	병음	뜻	한자 훈음	단어
法	Fǎ	법	法 : 법 법	法文 : 프랑스어
俄	É	러시아	俄 : 갑자기 아	俄文 : 러시아어
德	Dé	덕, 도덕	德 : 덕 덕	德文 : 독일어
杂	zá	섞이다	雜 : 섞일 잡	杂志 : 잡지
志	zhì	뜻, 의지	志 : 뜻 지	志向 : 포부
词	cí	말씀	詞 : 말씀 사	词典 : 사전
朋	péng	벗	朋 : 벗 붕	朋友 : 친구
友	yǒu	벗	友 : 벗 우	友情 : 우정
欢	huān	기뻐하다	歡 : 기뻐할 환	欢迎 : 환영하다

迎						
yíng	맞이하다	迎 : 맞이할 영		迎接 : 맞이하다		
坐						
zuò	앉다	坐 : 앉을 좌		坐席 : 좌석		
喝						
hē	마시다	喝 : 더위 먹을 갈		喝水 : 물을 마시다		
点						
diǎn	약간, 조금	點 : 점 점		点名 : 출석 부르다		
咖						
kā	커피	咖 : 커피 가		咖喱 : 카레		
啡						
fēi	커피	啡 : 코고는 소리 배		咖啡色 : 커피색		
茶						
chá	차	茶 : 차 차		綠茶 : 녹차		
吧						
ba	어기조사	吧 : 어조사 파		走吧! : 가자!		
林						
Lín	숲	林 : 수풀 림		林業 : 임업		

汉字	병음	뜻	번체	단어
珉	mín	옥돌	珉 : 옥돌 민	
问	wèn	묻다	問 : 물을 문	问题 : 질문
贵	guì	귀하다	貴 : 귀할 귀	太贵 : 매우 비싸다
姓	xìng	성	姓 : 성 성	姓名 : 성명
叫	jiào	~라고 부르다	叫 : 부르짖을 규	叫唤 : 외치다
名	míng	이름	名 : 이름 명	名片 : 명함
字	zì	글자	字 : 글자 자	字典 : 자전
习	xí	익히다	習 : 익힐 습	练习 : 연습하다
发	fā	쏘다	發 : 필 발	发音 : 발음

音			
yīn	소리	音 : 소리 음	音樂 : 음악
留			
liú	머무르다	留 : 머무를 유	留学生 : 유학생
张			
Zhāng	베풀다	張 : 베풀 장	张开 : 열다, 벌리다
平			
píng	평평하다	平 : 평평할 평	平地 : 평평한 땅
国			
guó	나라	國 : 나라 국	國家 : 국가
庆			
qìng	경사	慶 : 경사 경	庆祝 : 경축하다
中			
zhōng	가운데	中 : 가운데 중	中午 : 점심
午			
wǔ	오	午 : 일곱째지지 오	午觉 : 낮잠
饭			
fàn	밥, 식사	飯 : 밥 반	饭店 : 호텔

한자	뜻	훈음	단어
食 shí	밥	食 : 밥 식	食堂 : 식당
堂 táng	큰 방	堂 : 집 당	教堂 : 예배당
馒 mán	만두	饅 : 만두 만	馒头 : 속 없는 만두
头 tóu	머리	頭 : 머리 두	头痛 : 두통
米 mǐ	쌀	米 : 쌀 미	米饭 : 쌀 밥
要 yào	~하려고 한다	要 : 구할 요	要是 : 만약~ 라면
碗 wǎn	그릇(수량)	碗 : 그릇 완	一碗 : 한 그릇
鸡 jī	닭	鷄 : 닭 계	鸡蛋 : 계란
蛋 dàn	알	蛋 : 새알 단	蛋白質 : 단백질

汤						
tāng	국	湯 : 넘어질 탕		汤菜 : 국		
啤						
pí	맥주	啤 : 맥주 비		啤酒 : 맥주		
买						
mǎi	사다	買 : 살매		賣買 : 사고 팜		
苹						
píng	사과	苹 : 사과 평		苹果 : 사과		
果						
guǒ	열매	果 : 실과 과		果茶 : 수박		
斤						
jīn	근(수량)	斤 : 근 근		一斤 : 한 근		
多						
duō	많다	多 : 많을 다		多少 : 얼마, 몇		
少						
shǎo	적다	少 : 적을 소		少时 : 잠시(후에)		
块						
kuài	덩어리	塊 : 흙덩이 괴		快儿 : 덩어리		

毛						
máo	털	毛 : 털 모		毛衣 : 스웨터		
分						
fēn	나누다	分 : 나눌 분		分 : 분		
两						
liǎng	둘, 이	兩 : 두 량		两个人 : 두 사람		
还						
hái	아직, 또	還 : 돌아올 환		还是 : 아직도		
别						
bié	나누다	別 : 나눌 별		别的 : 다른		
给						
gěi	주다	給 : 넉넉할 급		给以 : 주다		
找						
zhǎo	찾다	找 : 찾을 조		找事 : 일자리를 찾다		
下						
xià	아래	下 : 아래 하		下午 : 오후		
上						
shàng	위	上 : 위 상		上午 : 오전		

图						
tú	그림	圖 : 그림 도		图书馆 : 도서관		
馆						
guǎn	건물	館 : 객사 관		館長 : 관장		
小						
xiǎo	작다	小 : 작을 소		小心 : 소심하다		
姐						
jiě	언니	姐 : 누이 저		小姐 : 아가씨		
换						
huàn	바꾸다	換 : 바꿀 환		换钱 : 환전하다		
美						
měi	아름답다	美 : 아름다울 미		美國 : 미국		
元						
yuán	원	元 : 근본 원		元 : 원(화폐단위)		
欧						
ōu	유럽	歐 : 토할 구		殴洲 : 유럽		
营						
yíng	경영하다	營 : 경영할 영		营业 : 영업		

业						
yè	일	業 : 업 업		业经 : 이미, 벌써		
员						
yuán	직원	員 : 수효 원		员工 : 종업원		
等						
děng	기다리다	等 : 가지런할 등		等等 : 기타 등등		
职						
zhí	벼슬	職 : 벼슬 직		職員 : 직원		
室						
shì	사무실	室 : 집 실		室内 : 실내		
在						
zài	~에 있다	在 : 있을 재		在世 : 살아 있다		
家						
jiā	집, 집(양사)	家 : 집 가		家事 : 집안 일		
住						
zhù	~에 살다	住 : 살 주		住所 : 주소		
门						
mén	문	門 : 문 문		大門 : 대문		

号						
hào	명칭, 이름	號 : 이름 호		号码 : 번호		
知						
zhī	알다	知 : 알 지		知道 : 알다		
道						
dào	길	道 : 길 도		道歉 : 사과하다		
电						
diàn	전기	電 : 번개 전		电视 : 텔레비전		
话						
huà	이야기	話 : 말할 화		電話 : 전화		
码						
mǎ	기호	碼 : 번호 마		码头 : 부두, 선창		
零						
líng	0, 영	零 : 영 영		零下 : 영하, 영도 이하		
奉						
fèng	바치다	奉 : 받들 봉		奉劝 : 충고 합니다		
久						
jiǔ	오랫동안	久 : 오랠 구		好久不见! 오래간만이다!		

们						
men	그들	們 : 무리 문		我們 : 우리들		
都						
dōu, dū,	모두, 수도	都 : 도시 도		首都 : 수도		
铅						
qiān	납	鉛 : 납 연		铅笔 : 연필		
笔						
bǐ	붓	筆 : 붓 필		毛笔 : 붓		
售						
shòu	팔다	售 : 팔 수		售货员 : 점원		
货						
huò	상품	貨 : 재화 화		货架 : 상품 진열대		
枝						
zhī	가지	枝 : 가지 지		枝子; 나무가지		
来						
lái	오다	來 : 올 래		来回 : 왕복하다		
本						
běn	근본	本 : 근본 본		本子 : 노트		

子						
zǐ	아들	子 : 아들 자		倚子 : 의자		
封						
fēng	봉하다	封 : 봉할 봉		信封 : 편지 봉투		
报						
bào	신문	報 : 알릴 보		晚报 : 석간 신문		
酒						
jiǔ	술	酒 : 술 주		酒量 : 주량		
也						
yě	~도, ~또한	也 : 또 야		也好 : ~하는 편이 좋다		
对						
duì	대답하다	對 : 대답할 대		對答 : 대답하다		
起						
qǐ	일어나다	起 : 일어날 기		起床 : (잠) 일어나다		
关						
guān	닫다	關 : 문빗장 관		关门 : 문을 닫다		
系						
xìi	맺다	繫 : 이을 계		系累; 얽매이다		

글자	발음	뜻	한자	단어
俩	liǎ	둘	倆 : 둘 량	倆人 : 두사람
秘	mì	비밀의	秘 : 숨길 비	秘秘 : 비밀
介	jiè	끼이다	介 : 끼일 개	介绍 : 소개하다
绍	shào	소개하다	紹 : 소개할 소	绍介 : 소개하다
位	wèi	위치	位 : 자리 위	位子 : 자리
教	jiào	가르치다	敎 : 가르침 교	教室 : 교실
授	shòu	주다	授 : 줄 수	授课 : 강의를 하다
长	zhǎng, cháng		長 : 길 장	校长 : 교장
香	Xiāng	향기	香 : 향기 향	香水 : 향수

간체	뜻	번체	단어
南 Nán	남	南 : 남녘 남	南边 : 남쪽
京 jīng	서울	京 : 서울 경	京剧 : 경극
觉 jué	깨닫다	覺 : 깨달을 각	觉得 : 느끼다
得 de, dé	조사, 얻다	得 : 얻을 득	得奖 : 칭찬받다
新 xín	새로운	新 : 새신	新婚 : 신혼
同 tóng	학우	同 : 함께 동	同屋 : 룸메이트
屋 wū	집	屋 : 집 우	屋子 : 집
班 bān	반	班 : 나눌 반	班長 : 반장
听 tīng	듣다	听 : 듣을 은	听力 : 듣기 능력

说						
shuō	말하다	說 : 말씀 설		说话 : 말을 하다		
写						
xiě	쓰다	寫 : 베낄 사		写信 : 편지 쓰다		
范						
fàn	모형	範 : 법 범		范围 : 범위		
认						
rèn	알다	認 : 알인		认识 : 알다		
识						
shí	알다	識 : 알 식		识别 : 식별하다		
有						
yǒu	있다	有 : 있을 유		有罪 : 유죄		
箱						
xiāng	상자	箱 : 상자 상		箱子 : 상자		
重						
zhòng, chong		重 : 무거울 중		重量 : 무게		
轻						
qīng	가볍다	輕 : 가벼울 경		輕傷 : 가벼운 상처		

旧						
jiù	오래된, 헌	舊 : 옛 구		旧年 : 이전, 옛날		
黑						
hēi	검은	黑 : 검을 흑		黑色 : 검정색		
药						
yào	약	葯 : 약 약		药店 : 약국		
里						
lǐ	안	裏 : 속 리		家里 : 집안		
日						
rì	날	日 : 해 일		日就月將 : 일취월장		
用						
yòng	사용하다	用 : 쓸 용		用法 : 용법		
品						
pǐn	물건	品 : 물건 품		品尝 : 맛보다		
件						
jiàn	건, 개	件 : 사건 건		件頭 : 물건		
衣						
yī	옷	衣 : 옷 의		衣服 : 의복		

漢字	발음	뜻	음훈	단어
服	fu	옷	服 : 옷 복	服從 : 복종하다
工	gōng	일	工 : 장인 공	工作 : ~을 일하다
作	zuò	행하다	作 : 일어날 작	作別 : 이별하다
车	chē	차	車 : 수레 차	車費 : 차 비
汽	qì	증기	汽 : 김 기	汽车 : 승용차
怎	zěn	어떠니	怎 : 어찌 금	怎的 : 왜. 어째서
么	me	무엇	麽 : 잘 마	什么 : 무엇
样	yàng	모양	様 : 모양 양	样品 : 견본
最	zuì	가장	最 : 가장 최	最近 : 최근

近						
jìn	가깝다	近 : 가까울 근		近处 : 가까운 곳		
刚						
gāng	방금, 막	剛 : 굳셀 강		刚才 : 방금		
开						
kāi	열다	開 : 열개		开门 : 문을 열다		
颜						
yán	얼굴	顔 : 얼굴 안		颜色 : 안색		
色						
sè	색	色 : 빛 색		绿色 : 초록색		
辆						
liàng	대	輛 : 수레 량		车辆 : 차량		

서해영

중국 난징 출생
중국 난징사범대학교 중국어학과 졸업
가톨릭대학교 대학원 졸업 (한중번역전공)
중국 지린대학교 언어학 및 응용언어학 박사
전) 한국 EBS 교육방송 TV 중국어 회화 강사
전) 가톨릭대학교, 광운대학교 중국어강사
현) 백석대학교 어문학부 중국어전공 부교수

정수환

중국 난징대학교 법학원 경제법 석사
중국 난징대학교 어언학원 현당대문학 박사
전) 백석문화대 교수
국제교류처 부처장, 입학관리처 입학사정관 역임
현) 백석대학교 어문학부 중국어전공 부교수

토크토크 중국어

1판 1쇄 _ 2025년 8월 30일

저 자 • 서해영 · 정수환
발 행 인 • 정현걸
발 행 • 신아사
인 쇄 • 한승문화
출판등록 • 1956년 1월 5일 (제9-52호)
주 소 • 서울특별시 은평구 통일로 59길 4
전 화 • 02)382-6411 · 팩스 02)382-6401
홈페이지 • www.shinasa.co.kr
E-MAIL • shinasa@daum.net

ISBN 979-11-7342-104-4 (93720)
정가 *17,000*원